왕의 공부

조선 왕은 왜 평생
배움을 놓지 않았을까

왕의 공부

완벽하고자 노력해야 한다

감정을 제어해야 한다

최선의 선택을 해야 한다

인재를 판별해야 한다

마음을 다스려야 한다

자신을 수양해야 한다

바른말을 경청해야 한다

넓은 시각을 가져야 한다

김준태 지음

위즈덤하우스

최선의 길을 찾기 위한 최고의 공부

이 책의 초고를 검토해준 후배가 이런 말을 했다.

"왕이 이 정도로 공부해야 한다면, 저는 왕을 시켜준다고 해도 못 하겠어요."

왕은 나랏일을 하느라 바쁜 와중에도 매일 경연經筵에 나갔다. 수많은 유학 경전과 역사서를 공부했으며, 쉴 새 없이 국정을 배우고 익혔다. 의학, 법률, 농사 등 통치와 관련한 실용서적도 왕이 공부해야 할 대상이었다. 그러면서 왕은 끊임없이 배움의 수준을 시험받고 능력을 검증받았는데, 즉위 초기만 그랬던 것이 아니다. 왕의 자리에 있는 한, 눈을 감는 순간까지 공부를 계속해야 했다.

도대체 왕은 왜 이토록 열심히 공부했을까? 왜 이토록 열심히 공부하라고 요구받았을까? 그것은 왕이 가진 힘이 크고 짊어진 책임이 무거웠기 때문이다. 왕은 부귀영화를 누리고 권력을 마음껏 휘두르라고 만든 자리가 아니다. 공동체와 구성원을 위해 헌신하며, 그들의 번영과 행복, 안전을 책임져야 하는 존재다. 왕이 가진 막강한 힘은 오로지 이와 같은 목적을 달성하는 데 쓰여야 한다. 올바르고도 적절하게! 더불어 왕의 말과 행동은 나라의 존망을 좌우하며 왕의 판단과 결정은 백성의 안위와 직결된다.

따라서 왕은 함부로 행동해서는 안 된다. 왕이 실수하거나 잘못하면 곧바로 공동체를 위험에 빠트리기 때문에 항상 완벽하기 위해 노력해야 한다. 자신의 선택이 가져올 파급효과를 생각하며 언제나 심사숙고해야 하고, 조심 또 조심하면서 최선의 길을 찾아 나서야 한다.

공부는 바로 그 방법을 알려준다. 옛 성군聖君들을 비롯한 성현의 가르침을 배우고, 역사 속 성공과 실패의 사례를 복기하여 길잡이로 삼는 것이다.

그런데 여기까지만 보면, 이 책은 왕이나 리더가 아닌 사람과는 별반 상관없는 것처럼 느껴질 수 있겠다. 국가를 경영하기 위한 공부에 대해 다루니 말이다. 경연이니 납간納諫이니 하는 것도 보통 사람과는 관련 없는 일로 보인다. 하지만 왕들의 공부에는 우리가 주목해야 할 또 다른 지점이 있다. 업무 지식이나 역량을 키우는 공부 이상으로 마음공부를 강조하는 부분이다. 흔히 공부라고 하면, 우리는 지식을 축적하는 공부를 제일 먼저 떠올린다. 취업, 승진, 시험과 같은 목적을 달성하기 위해, 각각에 요구되는 지식을 배우고 암기하는 공부에만 익숙하기 때문이다.

공자의 말을 빌리면 이것은 '위인爲人'의 공부다. 타인에게 자신을 드러내기 위한 공부라는 뜻이다. 물론, 이와 같은 공부가 나쁜 것은 아니다. 본의의 꿈을 이루고 자신을 성장시키는 과정에서, '위인의 공부'가 필요할 때도 있다. 하지만 이것만이 전부가 되면 안 된다. 목표를 이루고 나면, 즉 취업하고 승진하고 시험에 합격하고 나면 더는 공부해야 할 이유가 사라지기 때문이다. 그래서 공자가 '위인'의 공부에 대비되는 의미로서 '위기爲己'의 공부를 제시한 것이다.

'위기'의 공부는 나의 인격을 수양하고 나 자신을 성장시키는 공부다. 내게 주어진 책임을 완수하고 맡은 바 일을 더 잘 해낼 수 있도록 단련하는 것도 이 범주에 속한다. 이때의 공부란 나를 변화시키고, 좀더 나은 나를 만들어가기 위한 노력인바, '위기'의 공부를 통해 우리는 안목을 넓히고 사려를 깊게 하며, 바르고 정교한 판단력과 인식능력을 갖출 수 있다. 한데 이 과정에 반드시 함께해야 할 공부지만 우리가 놓치는 것이 있다. 다름 아닌 마음공부다. 마음은 내가 세상을 받아들이고, 내가 세상으로 표출되는 통로다. 모든 인식과 판단의 주체이며, 모든 말과 행동이 마음을 토대로 구현된다. 그러므로 마음이 바르지 못하거나 오염되어 있다면 아무리 많은 지식을 배우고 첨단기술을 익힌들 소용이 없다.

상황을 잘못 인식하게 될 것이고, 치우친 감정과 사사로운 욕망을 통제하지 못해 이내 잘못된 길로 들어설 것이다.

전통사회에서, 그중에서도 유학儒學은 왕들에게 지겹도록 마음공부를 강조했다. 마음을 바르게 하라는 '정심正心', 뜻을 정성되게 하라는 '성의誠意', 감정이 발동하기 전에 마음을 안정시키는 '함양涵養', 마음이 발동했을 때 이를 제어하는 '성찰省察', 경계하고 삼가며 조심하고 두려워하는 '계신공구戒愼恐懼', 홀로 있을 때를 삼가는 '신독愼獨', 자기 자신을 속이지 않는 '무자기毋自欺' 등 마음공부와 관련한 수많은 용어, 개념들이 존재할 정도다. 신하가 임금에게 올리는 상소에도 대부분 임금의 수양, 즉 마음공부를 강조하는 내용이 담겨 있다. 임금의 마음이 흔들리고 혼탁해지면, 임금 한 사람이 무너지는 것으로 끝나는 게 아니라, 나라 전체가 위태로울 수 있기 때문이다.

이 책은 임금이 행한 마음공부에 대해서도 여러 장을 할애했다. 마음을 건강하게 만들고 마음의 역량을 키우는 것은 우리 모두에게 필요한 과제다. 내가 어떤 일을 하고 어떤 삶을 살아가든, 방심放心, 즉 마음을 다잡지 못해 놓쳐버리는 일이 없어야 한다. 누구든 각자 삶의 주체로서, 최선을 선택하고 그것을 정정당당하게 증명하기 위해서는 마음이 중심을 잡아주어야 한다. 그런 의미에서 되새겨보고 곱씹어볼 만한 내용이 있을 것이다. 독자에게 작게나마 도움이 되었으면 한다.

마지막으로, 이 책을 집필하면서 여러 번역서의 도움을 받았음을 밝힌다. 한문 원전을 저본으로 삼기는 했지만,《조선왕조실록》등 한국고전번역원에서 국역한 서적들을 참고할 수 없었다면 큰 어려움을 겪었을 것이다. 아울러, 언제나 아낌없는 사랑과 격려를 보내주시는 부모님, 따뜻하고 든든한 의지처가 되어준 지영이, 원고를 쓸 때마다 정성껏 읽고 의견을 준 후배 안승현에게 진심 어린 감사의 인사를 전한다. 좋은 책을 엮어준 위즈덤하우스 여러분께도 고마움을 표한다. 여전히 부족하고 미숙하지만, 최선을 다한 시간들이 이 책에 스며 있다.

2020년 11월

김준태

2부 | 왕은 무엇을 공부하는가

3부 | 왕은 어떻게 공부하는가

1부

왕은
왜
공부하는가

지고무상至高無上, 지극히 높고 존귀하여 만인의 윗자리에 선 존재. 바로 왕이다. 왕에게는 존엄한 권위와 함께 나라의 인력과 자원을 좌지우지할 수 있는 힘이 주어진다. 철부지 왕들은 이러한 권력에 취해 사사로운 욕망을 충족시키는 일에 매달린다. 하지만 왕이 가장 큰 힘을 갖는 이유는 가장 큰 책임을 짊어졌기 때문이다. 왕은 나라를 경영하고 백성을 다스릴 뿐 아니라 이들을 바른길로 이끌어야 할 책무가 있다. 더욱이 왕의 말과 행동은 공동체의 운명과 직결된다. 왕의 판단과 선택에 따라 국가의 흥망이 결정되고 백성의 안위가 좌우된다고 해도 틀린 말이 아니다. 그러니 이 중요하고도 무거운 과업을 잘 수행하기 위해서 막강한 힘과 권위를 갖게 된 것이다.

왕이 끊임없이 공부해야 하는 이유도 여기에 있다. 왕에게는 연습이 허용되지 않는다. 실수나 시행착오도 가능한 한 없어야 한다. 왕은 늘 평정심을 유지해야 하며 올바른 인식능력과 판단능력을 갖추어야 한다. 물론 쉽지 않다. 온 힘을 다해 노력해야 왕의 책임을 완수할 수 있으며 공동체를 지켜낼 수 있다. 왕에게 공부는 미덕이 아니라 의무인 것이다.

1장

왕은 완벽해지기 위해 노력해야 한다

하늘을 대신해 만물을 다스리는 사람

전통사회에서 왕의 위상은 절대적이었다. 왕은 가장 존귀한 신분이면서 막강한 권력을 소유했다. 세도가의 눈치를 보고 신하들의 견제를 받느라 제힘을 다 발휘하지 못하기도 하지만, 그럴 때조차도 구성원의 생사여탈을 좌우할 수 있는 유일한 존재였다.

어떻게 왕은 이와 같은 권위를 가질 수 있었을까? 지배집단의 우두머리여서? 왕이 오늘날의 대통령처럼 선거로 선출된 것도 아니고, 기업 총수처럼 높은 지분을 가진 것도 아니다. 그럼에도 '왕'이 될 수 있었던 이유는 무엇이었을까?

왕권에 정당성을 부여해준 것은 왕이 '천天', 즉 하늘의 대행자라는 인식이었다. 동양의 사유에서 하늘은 지극히 올바른 덕德을 가지고 만물을 보듬어 자라나게 한다. 하지만 형체가 없는 하늘이 인간사회에 직접 참여하거나 일일이 간섭할 수는 없으므로 자신을 대신하여 그 역할을 해줄 사람을 필요로 한다. 그가 바로 '왕'이다. 그렇다면 아무나 왕이 될 수는 없을 것이다. 하늘이 할 일을 대리하려면 최소한 하늘의 뜻을 이해하고 하늘의 이치[天理]를 깨달은 사람이어야 한다.

유학儒學에 따르면 원래 모든 사람은 하늘로부터 순수하고 선한 본성을 부여받은 채로 태어난다. 하늘이 준 본성 그대로 살아갈 수 있다면 세상에 걱정거리는 하나도 없을 것이다. 서로 배려하며 품위 있는 삶을 살아갈 수 있을 터이다. 그러나 현실은 그렇지 않다. 개개인을 구성하는 기질氣質이 본성을 가리고 있기 때문이다. 기질이란 본성이 담겨 있는 일종의 그릇인데, 사람마다 천차만별이다. 흠결이 없이 완벽하게 맑은 기질은 드물며 대부분 이지러지거나 치우쳐 있다. 언제든 악惡으로 흐를 가능성이 있고 쉽게 오염되거나 혼탁해진다.

그래서 인간의 임무는 '교기질矯氣質', 즉 기질을 바로잡아 온전하게 만드는 데 두어졌다. 유학에서는 모든 공부와 수양의 목표가 '교기질'을 향한다. 그래야 도덕적 인간이 되고, 그런 인간들이 모여 하늘의 이치가 구현되는 이상사회를 만들 수 있다고 생각했기 때문이다.

한데 궁금하다. 어떻게 해야 기질의 단점을 바로잡고 한계를 극복할 수 있을까? 기질의 오염된 부분을 닦아 내는 방법은 무엇일까? 보통 사람이 혼자서 답을 찾기란 어려운 노릇이다. 하늘의 이치를 깨우친 사람들, 먼저 본성을 회복한 사람들, 유학에서 이른바 성현聖賢이라고 부르는 사람들의 도움이 필요하다.

원칙대로라면 왕은 이 성현 중에서도 가장 뛰어난 존재여야 한다. 단순히 하늘이 부여해준 본성을 깨닫고 실천하는 데서 그치는 것이 아니라, 하늘의 이치를 가지고 하늘을 대신하여 만물을 다스리는 사람이기 때문이다.

이를 두고 남송시대의 저명한 유학자 주희朱熹는 "한 사람이라도 총명하고 이치를 꿰뚫는 탁월한 지혜가 있어서 능히 자신의 본성을 다할 수 있는 자가 나오면, 하늘은 필시 그에게 명하시어 억조창생의 군사君師[1]로 삼아, 백성을 다스리고 교화하여 그들의 본성을 회복하게 할 것이다"[2]라고 했다. 임금은 최고의 통치자이자 최고의 스승이어야 한다는 것이다.

'요순堯舜시대'라는 말이 유토피아와 같은 의미로 쓰일 정도로, 중국 역사에서 위대한 성군으로 추앙받는 요 임금과 순 임금은 이러한 기준에 부합하는 존재였다. 두 임금은 가장 어질고 탁월한 사람이 임금이 되어야 한다는 이상에 충실했다. 요 임금은 천하가 병드는데 내 아들만 이롭게 할 수는 없다며 아들인 단주丹朱가 아니라 순 임금에게 왕위를 넘겼다. 순 임금 역시 아들 상균商均이 아닌 우 임금에게 보위를 물려주었다. 덕망과 실력이 최고인 사람을 골라 후계자로 삼은 것이다.

물론, 이것은 만들어진 역사일 수 있다. 두 임금의 실존 여부가 입증되지 않은 데다가, 요에서 순으로, 순에서 우로 이어지는 아름다운 선양禪讓[3]도 승자의 기록에 불과하다는 견해가 있다. 실제로 순 임금이 요 임금을 감금했고, 우 임금이 순 임금을 시해했다는 기록도 눈에 띈다. 실상이야 어떻든 중요한 것은 '요순'이 갖는 상징성이다. 구성원 중 모든 면에서 으뜸가는 인물이 임금이 되어야 한다는 것, 그래야만 임금으로서의 권위가 생기고, 임금의 역할을 제대로 완수할 수 있다는 것 말이다.

그런데 이러한 이상은 말 그대로 이상이 되어버렸다. 요순과 달리 우 임금은 아들에게 보위를 승계했고, 이후 세습군주제가 굳어졌기 때문이다. 대대손손 왕위를 누리겠다는 사사로운 목적도 있었을 테고, 권력투쟁을 방지하고 정치적 안정성을 확보하겠다는 현실적인 이유도 있었을 테지만, 어쨌든 최고의 적임자가 왕이 된다는 규범은 지킬 수 없게 되었다. 게다가 그냥 세습도 아니고 적장자세습이 법도가 되었으니,[4] 적장자가 심하게 수준 미달이거나 누가 봐도 부적합한 인물이 아닌 이상 자동 승계가 이루어진다. 왕자 중에서라도 내부경쟁이나 검증을 통해 좀더 우수한 사람을 선택할 수 없게 된 것이다.

그렇더라도 왕위가 가진 중요성이 낮아졌다거나, 왕에게 주어진 역할과 책임이 사라진 것은 아니다. 따라서 앞서 설명한 '임금의 자격'은 이제 '임금의 목표'가 되었다. 세자로 책봉되고, 임금으로 즉위했을 때는 아직 부족한 점이 많다. 내가 하늘의 대행자라고, 임금이자 스승이라고 당당히 자임할 만큼 다른 구성원을 압도하지도 못한다. 한데 짊어져야 할 사명은 너무나 막중하다. 그러니 부족한 점을 메우고자 끊임없이 노력해야 하는 것이다. 성군이되길 목표로 삼고, 성현이 남긴 가르침을 배우며 매순간 자신을 성장시켜야 한다. 그리하면 설령 저 옛날 위대한 성군들의 경지에는 도달하지 못할지라도 훌륭한 임금이 될 수 있다. 임금에게 공부가 중요한 이유가 여기에 있다.

성현의 마음가짐을 배우다

임금은 하늘을 대신해 세상을 통치하고 사람들을 바른길로 이끌어야 한다. 그러니 그 과업을 완수할 수 있도록 성현의 학문을 배우고 성현의 마음가짐을 본받아야 한다. 좋은 말이긴 하나 추상적이다. 임금의 책임과 자세를 다짐하는 일종의 선서문이 될 수는 있겠지만, 이것만으로 현실의 임금들이 열심히 공부해야겠다고 절감하긴 어렵다. 당장 처리해야 할 업무가 산더미이고, 해결해야할 난제가 수두룩한데 그 앞에서 "본성을 회복하라, 기질을 바로

잡으라"고 말한다면 한가해보일 수 있다. 공부가 중요하다는 것은 알겠지만 최소한 우선순위는 아니라고 생각할 것이다.

과연 그럴까? 일찍이 요 임금은 순 임금에게 "진실로 그 중中을 잡으라"라고 당부했다. 순 임금은 거기에 살을 붙여 "인심人心은 위태롭고 도심道心은 은미하니 정밀하게 하고 한결같게 하여야 진실로 그 중中을 잡을 수 있다"라는 교훈을 우 임금에게 남겼다.[5] 여기서 '인심'이란 말 그대로 인간의 마음이다. 기질 속에 놓여 있기 때문에 생리적인 욕구의 영향을 받는다. 만약 기질이 가진 부족한 점을 채우고 그것이 올바르게 작동할 수 있도록 제어하지 않는다면 인간의 마음은 이내 나쁜 방향으로 흐를 수 있다. 그래서 위태롭다고 말하는 것이다. '도심'은 도덕적이고 정의로운 마음이다. 하늘이 부여해준 순수하고 선한 본성만을 가리켜 부르는 말이다. 하지만 도심은 기질에 가려져 있기에 희미하다.

인심이 자동차라면 도심은 운전자다. 도심은 인심이라는 차가 길을 잃지 않도록 이끌어주어야 하는데, 인심은 늘 위태롭고 도심은 본래의 역량을 다 발휘하지 못하고 있다. 그러므로 정밀한 공부가 필요하며, 한결같은 노력이 뒤따라야 한다. 그래야 인간의 선택이 '중', 즉, 그 상황에서 가장 적절하고 알맞은 중용의 지점에 도달할 수 있게 된다. 인간의 행동도 올바르게 변할 것이다.

그런데 요 임금과 순 임금은 왜 이런 말을 후계자를 위한 핵심 교훈으로 남긴 것일까? 인간으로서 유념해야 할 이야기라고 말할 수는 있겠지만, 선왕이 자신의 뒤를 잇는 사왕嗣王에 남기는 조언으로 보기에는 막연하지 않은가? 정치를 어떻게 하라든지, 신하는 어떻게 통솔하고 백성은 어떻게 대하라든지, 어려움이 있을 때는 이런 식으로 풀어가라든지, 직접적인 노하우와 경험을 전수해줄 수도 있지 않느냐는 말이다.

요 임금과 순 임금은 이것이야말로 임금에게 가장 절실하다고 생각한 것이다. 임금은 판단하는 자리다. 임금의 행동은 국가와 백성의 안위와 직결된다. 《성학집요聖學輯要》에서 율곡 이이李珥가 남긴 말을 보자.

임금이 한번 생각을 잘못하면 정치에 큰 해를 끼치고, 임금이 한마디 말을 잘못하면 사업을 망쳐버립니다. 도道에 뜻을 두고 그에 따라 행동함으로써 이 세상을 태평성대로 만드는 것도 군주의 손에 달려 있고, 욕심에 뜻을 두고 그에 따라 행동함으로써 이 세상을 말세로 만드는 것도 군주에게 달려 있습니다. 그러니 임금은 더욱 조심하고 삼가지 않으면 안 됩니다.

임금은 언제나 공평하고 객관적이어야 한다. 그리고 매 결정마다 최선의 선택을 해야 한다. 무엇이 그것을 가능하게 할까? 바로 공부다. '사서오경四書五經'이라는 책들, 성군의 가르침이란 것도 결국 그 주제는 마음을 맑고 투명하게 만들어, 바르게 판단하고 의롭게 행동하도록 돕는 데 맞춰져 있을 따름이다.

각론에서도 마찬가지다. 무릇 임금은 감정에 휘둘려서는 안 된다. 긍정적인 감정이든 부정적인 감정이든 치우치거나 과잉되면, 마음이 중심을 잃는다. 상황을 객관적으로 파악하고, 냉정하게 판단하는 일이 불가능해진다. 그리되면 임금의 역할을 제대로 수행할 수 없게 되므로 평소에 감정을 절제하는 공부를 해야 한다.

인재를 등용하기 위해서도 공부가 필요하다. 아무리 탁월한 임금이라도 혼자 힘으로 나라를 운영해갈 수 없다. 좋은 인재를 찾아서 적재적소에 배치해야 한다. 인재의 장점을 북돋워주고 단점을 바로잡아주면서 공동체의 발전에 이바지하도록 해야 한다. 문제는 누가 좋은 인재인지를 어떻게 아느냐는 것이다. 인재를 가려내고, 인재를 육성하고, 인재를 운용하려면 역시 공부하는 수밖에 없다.

마지막으로 판단과 선택을 위한 공부다. 임금은 하루에도 수많은 결정을 한다. 임금의 결정은 공동체의 운명, 구성원의 안위와 직결되어 있다. 따라서 정확하고 객관적인 판단능력을 갖춰야 하고, 최적의 선택을 내릴 수 있는 가치 기준과 지혜가 요구된다. 임금은 공부를 통해 그와 같은 역량을 키워야 하는 것이다.

이 세 가지를 좀더 자세히 살펴보자.

2장 | 왕은 감정을 제어해야 한다

분노는 올바름을 잃게 만든다

1660년(현종 1) 6월 30일, 임금은 신하들에게 격한 말을 쏟아냈다.

"그대들이 내 마음에 울화가 치미도록 충격을 주어 병을 덧나게 만들고 싶은 모양이지만, 나의 생사는 하늘에 달린 것인데 어찌 이로 인해 병이 더해지겠는가. 그대들의 계책이 너무도 졸렬하여 개탄스럽구나."[1]

얼마 전, 현종은 자신의 병을 치료한 어의 양제신梁濟臣을 고을 수령으로 제수하라고 지시했다. 한데 신하들이 차일피일 미루고 있었다. 양반 관료가 임명되는 수령직을 의관에게 주는 것이 탐탁지 않았던 것이다. 그러자 현종은 불쾌해하며 담당 관리들이 퇴근

도 못 하고 밤을 지새우게 만들었다. 본인이 침을 맞을 때 약방제
조[2]가 배석하는 것도 막아버렸다. 신하들이 이 조치를 비판하자
위와 같이 화를 낸 것이다. 현종은 앞으로는 약방제조의 문안을
받지 않을 것이며, 의관의 진료도 거부하겠다고 선언했다. 임금의
건강을 관리하는 것은 국정의 우선사항이다. 그런데 화가 났다는
이유로 임금 스스로 그 책임을 던져버린 것이고, 신하들을 임금의
건강을 해친 불충한 자들로 내몬 것이다. 그러자 영의정 정태화鄭
太和 등 삼정승이 간곡한 상소를 올렸다.

> 무서운 천노天怒[3]가 걷잡을 수 없이 쏟아지고, 말씀이 분노를 이기
> 지 못하여 올바름을 잃어버리고 있습니다. 승정원의 승지들이 업
> 무를 보지 못하고 약방 의관들도 감히 전하의 안부를 여쭙지 못합
> 니다. 허나 신들이 걱정하는 바가 이 일 하나이겠습니까? 서둘러
> 마음을 가라앉히시고 어제 내리신 말씀도 거두어주시면 천만 다행
> 이겠습니다.

임금의 분노 때문에 비서실인 승정원 승지들이 사무실에서 쫓
겨나 죄를 청하고 있고, 임금의 건강이 좋지 못한 상황인데도 의
관들이 이를 확인하지 못하고 있다. 이와 같은 상황이 지속되면
업무가 마비될 뿐 아니라 임금의 안위도 위협받을 수 있다. 또한,
임금이 계속 화를 가라앉히지 않으면 다른 일을 처리할 때도 문제

가 생길 것이다. 현종도 지나쳤다는 것을 깨달았는지 은근슬쩍 자신의 조치를 거둬들였다.

그런데 현종이 사나운 분노를 쏟아낸 것은 이 사건이 처음이 아니었다. 같은 해 7월 29일, 여증제呂曾齊는 다음과 같이 상소를 올렸다.

전하께서는 지금까지 큰 화를 세 번 내셨습니다. 그것으로 끝이겠습니까? 즉위하신 지 겨우 1년 밖에 되지 않았는데 놀랄 만한 이변이 이리도 많으니, 그럴 수도 있는 일이었다고 핑계 대며 반성하고 수신하지 않으실 것입니까? 전하께서 세 번 분노를 표출하신 후, 조정에서는 위아래가 꽉 막혀버렸습니다.

임금이 감정을 제어하지 못하고 화를 내면 임금 본인도 잘못된 판단을 하고, 실수를 저지르게 되지만 신하들도 임금의 눈치를 보느라 할 말을 다 하지 못한다. 자칫 자신의 목숨이 날아갈 수도 있으니 침묵하고 그저 시키는 대로 따를 수밖에 없다. 이렇게 되면 누가 간언을 올려 임금을 바로잡아주겠냐는 것이다. 임금과 신하 간의 소통은 꽉 막혀버릴 수밖에 없다. 정태화가 올린 상소에도 등장하는 표현이지만, 이와 관련하여 《대학大學》 전傳 7장에는 이런 대목이 있다.

이른바 몸을 수양한다는 것이 그 마음을 바르게 하는 일에 있다는 것은, 마음에 분노가 있으면 올바름을 얻을 수 없고, 두려움이 있으면 올바름을 얻을 수 없으며, 좋아함이 있으면 올바름을 얻을 수 없고, 걱정하는 바가 있으면 올바름을 얻을 수 없기 때문이다.

이 내용을 한자를 그대로 쓰면 분치忿懥·공구恐懼·호요好樂·우환憂患이다. 분노, 두려움, 좋아함, 걱정 등 네 가지 감정은 인간 마음의 대표적인 작용들이다. 이것이 '마음에 있으면[心有所]' '올바름을 얻을 수 없다[不得其正]'는 것이다.

기왕 분노를 가지고 이야기를 시작했으니 분노를 예로 들어보자. 어떤 일로 인하여, 혹은 어떤 사람 때문에 내가 화가 났다. 그러면 감정이 격해져서 말이 거칠어진다. 인지능력과 판단능력이 저하되어 나중에 후회하게 될 실수를 저지르기도 한다. 어디 그뿐인가? 화가 나게 된 이유와는 상관없는 사람들에게도 그 감정을 옮겨버린다.

예를 들어 회사에서 일할 때 직장 상사의 기분이 안 좋으면 불똥이 나한테까지 튈까봐 보고하러 가길 꺼리지 않는가? 보통 사람도 이 정도인데 왕이 그런다면 그 피해는 감당하기 힘들 만큼 커질 수 있다. 왕의 분노 때문에 사람들이 죽어 나가고, 그로 인해 나라가 흔들렸던 사례는 무수히 많다.

그렇다고 해서 화를 내지 말라는 것이 아니다. 분노라는 감정

자체를 부정하는 것이 아니다. 유학에서는 그런 감정이 '일어나야 할 때 일어나서', '지나치거나 모자람이 없는 것'은 바르다고 말한다. 《중용》에서 "기쁨, 노여움, 슬픔, 즐거움의 감정이 발동하되 모두 절도에 맞아야 한다[喜怒哀樂發而皆中節]"라고 말했듯이 말이다. 즉, 분노할 만한 일이 있으면 분노해도 된다. 의롭지 못한 일을 봤는데 분노하지 않고 가만히 있을 수는 없다. 나에게 나쁜 짓을 한 사람에게 분노하는 것은 당연하다. 다만, 분노의 감정이 지나쳐서 스스로 내 눈과 귀를 가리고, 그릇된 선택을 하지 말라는 것이다.

앞에서 '마음에 있으면'이라고 했는데, 이때의 '유有'자는 분노라는 감정의 존재 여부를 가리키는 것이 아니라, 그 감정이 치우쳐서 나쁜 영향을 주게 되는 때라는 뜻이다. 감정이 적절하게 표출되지 못하고 지나쳐서 나쁜 영향을 주게 되면 '올바름을 얻을 수 없다'는 것이다.

그렇다면 어떻게 해야 감정을 올바르게 나타낼 수 있는가? 〈경사강의經史講義〉에 실려 있는 정조의 설명을 살펴보자.

분치, 공구, 호요, 우환 등 네 가지는 사람으로서 없을 수 없는 것이다. 다만 절도에 맞아야 하고 사사로운 바가 있게 해서는 안 된다. (중략) 무슨 뜻인가? 옛사람이 이르길 미연未然의 상태에서 제어하라고 하였다. 이치에 밝아 하늘이 준 본성을 보존하고 마음을 바르게 붙잡는다면, 이 네 가지를 놓쳐 과도하게 되는 일[放過]이 없으리라는 것이다.

마음이 안정되고 차분하면 설령 분노할 일이 생기더라도 충분히 제어할 수 있다. 어떠한 상황에서도 잘못된 판단을 하지 않고 적절히 대처할 수 있게 된다. 이에 비해 마음이 불안하고 혼탁한 사람은 분노의 감정에 쉽게 동요하고 만다. 점차 커지는 분노를 통제하지 못해 이내 걷잡을 수 없는 지경에 이를 것이다.

그래서 임금에게는 마음공부가 중요하다. 항상 내 마음을 성찰하면서 '존양存養', 마음이 잘못된 방향으로 나가지 않도록 보존하고[存], 맑고 투명하게 유지될 수 있도록 길러야[養] 한다. 성현들의 마음공부 방법을 배우고, 역사 속에서 임금이 마음을 제대로 다스리지 못해 실패한 사례를 반면교사로 삼아야 한다. 이것은 매우 절박하고도 중요한 과제다. 왕이 감정을 제어하지 못하고, 감정에 지게 되면 그것은 임금 자신뿐 아니라 나라와 백성에게도 큰 피해를 가져다주기 때문이다.

좋아하는 것을 절제해야 한다

필자가 군에서 복무했을 때의 일이다. 매주 일요일 오전 시내 한가운데 있는 사찰에서 종교행사를 했는데, 독실한 불교 신자였던 군사령관이 빠짐없이 그 행사에 참석했다. 그러자 사령부의 장군들, 인근 부대 지휘관들이 자신의 종교와 상관없이 몰려왔다. 사령관에게 어떻게든 눈도장을 찍고 싶어서였을 것이다.

사령관은 잘못한 것이 없다. 사령관으로서 위세를 부리지도, 특별한 대우를 요구하지도 않았다. 그저 신자로서 관사에서 가장 가까운 곳에 있는 절에 왔을 뿐이다. 말단 병사들과 자연스럽게 대화하고 고충을 듣겠다는 좋은 의도도 있었을 것이다. 그러나 10만 명이 넘는 장병의 최고 지휘관이 특정 종교를 선호하는 모습을 보여주면 폐단이 생긴다. 이를 악용하는 사람이 나타나 부정을 저지를 수 있다. 각종 지원도 편중된다. 사령관님이 가시는 곳이니까. 사령관님 중점 사항이니까.

그래서 대통령이 취임한 후에는, 최소한 표면적으로라도 자신의 종교와는 한걸음 떨어져서, 다른 종교에도 귀 기울이는 모습을 보여주는 것이다. 생각해보라. 대통령이 특정 종교집단의 종교행사에 매번 참석하고 각별한 애정을 표시한다면, 얼마나 많은 이권과 청탁이 몰려들지를.

오늘날에도 이 정도이니 전통사회의 왕은 더 말할 필요도 없을 것이다. 왕이 좋아하는 것을 잘하는 사람은 쉽게 눈에 뜨이고 승진할 기회도 빨리 얻게 된다. 중국 춘추시대 위衞나라의 임금 의공懿公은 학을 너무나 사랑한 나머지 아름다운 학을 바치는 사람에게 높은 벼슬을 내렸다. 송나라의 간신 고구高俅는 축국을 잘해 공놀이를 좋아하던 휘종徽宗의 눈에 띄었다. 내가 좋아하는 것을 잘하니 당연히 말도 잘 통할 터이고 이뻐 보였을 것이다. 하지만 거기에 눈이 멀어 그 이면을 보지 못한다. 바둑광이었던 백제의 개로왕이 고구려에서 보낸 첩자 도림道琳의 바둑 실력에 정신이 팔려 그의 계략에 넘어가 버렸듯이 말이다.

왕이 선호하는 일, 왕이 총애하는 인물에게 관심이 쏠리는 것도 문제다. 위에서 언급한 위나라 의공의 시대에 신하와 백성들은 너도나도 학을 잡으러 다녔다. 멋지게 생긴 학을 헌상하면 팔자를 고칠 수 있으니 말이다. 관리들도 학을 수집하고, 기르는 일에 인력과 예산을 집중했다. 그러다 보니 적군이 쳐들어왔을 때 위나라는 속절없이 무너지고 말았고, 의공은 비참한 최후를 맞았다.

극단적인 사례를 들긴 했지만, 리더가 어떤 일을 좋아하고 그 일에 유독 힘을 쏟게 되면 아랫사람들도 이를 따라가는 것이 인지상정이다. 의도적이지 않아도 마찬가지다. 예컨대 문화체육관광부 장관이 있다고 하자. 그런데 장관이 체육계 출신이다. 체육 업무를 잘 안다는 이유로, 체육 업무를 좋아한다는 이유로 자기도 모르게 해당 업무에 방점을 찍다 보면, 부처의 다른 업무인 문화, 관광, 종교에 소홀해지기 쉽다.

왕이 누군가를 지나치게 총애해도 문제가 발생한다. 여기서 총애란 단순히 신하를 믿고 아낀다는 뜻이 아니다. 그 신하에게 적법하지 못한 권한을 허용하고 과도한 힘을 실어주는 것을 뜻한다.

이런 신하를 흔히 '총신寵信'이라고 부르는데, 역사 속 간신들이 여기에 해당한다. 총신이 왕의 위상을 등에 업고 전횡을 휘두르면 조정에는 그에게 줄을 대려는 사람들로 가득해질 것이다. 공적 시스템이 붕괴할 것이며 나라의 기강 역시 땅에 떨어질 것이 불 보듯 하다.

요컨대, 왕은 좋아하는 것을 절제해야 한다. 왕도 사람인 이상 취미가 있을 테고, 좋아하는 사람, 마음에 맞는 사람이 있을 것이다. 앞에서도 말했지만 이러한 감정 그 자체를 부인할 필요는 없다. 다만, 좋아하는 마음이 지나치면 단점을 발견하지 못하고, 이면에 가려진 문제점을 알아차리지 못한다. 더욱이 임금이 좋아한다는 것은 임금의 지위와 권력이 거기에 덧붙여진다는 것을 의미한다. 임금이 좋아하는 것을 노려 악용하고, 출세의 도구로 삼으려는 사람들이 많으므로, 이를 밖으로 드러내서는 안 된다. 따라서 왕은 자신이 좋아하는 것으로 인해 문제가 발생하지 않도록 끊임없이 마음을 절제하고 단속해야 한다.

현명한 사람을 등용해야 하는 이유

'경영經營'[1]을 하는 모든 조직은 인재를 중시한다. 리더가 아무리 탁월하더라도 혼자서 모든 일을 감당할 수는 없기 때문이다. 전문성을 가지고 개별 업무를 담당하면서 리더의 경영을 보좌해줄 인력이 필요하다. '어떤 수준'의 인재를 '얼마나 많이' 확보하느냐, 그리고 그 인재가 '얼마만큼' 능력을 발휘하느냐에 따라서 조직의 성패가 좌우되고 공동체의 운명이 정해진다.

　이러한 인식은 전통사회라고 해서 별반 다르지 않았다. 특히 유학에서는 인재를 국가 경영의 핵심요소로 상정해왔다. "정치는 인재를 얻는 데 달려 있으니 현명한 사람을 등용하지 않았는데 정치를 잘할 수 있는 사람은 없다"²라는 공자의 말과 "어진 이를 보고도 등용하지 못하고 등용하더라도 중용하지 못하는 것은 태만함이요, 착하지 않은 자를 보고도 물리치지 못하고 물리치더라도 멀리하지 못하는 것은 잘못이다"라는《대학》의 가르침이 이를 잘 보여준다.

그러나 머리로는 알아도 실천으로 옮기기란 어려운 법이다. 《조선왕조실록》을 검색해보면 인재의 중요성을 강조하는 기사가 1천여 건에 이르지만, 그 모든 시대가 인재를 잘 운용했던 것은 아니다. 탁월한 자질을 가진 인재였으되 사장되는 일이 비일비재했고, 인재가 제 능력을 발휘하지 못한 사례도 부지기수였다. 심지어 정쟁에 휩싸여 오랜 유배 생활을 겪거나 비참하게 죽음을 맞이한 예도 많다. "자고로 묻혀 지낸 사람이 어디 한둘이었겠소?"라는 《허생전許生傳》의 유명한 대사처럼, 말로만 인재가 중요하다고 이야기했을 뿐, 행동으로 옮기지 못했던 것이다.

우리가 세종대왕을 주목해야 하는 이유가 여기에 있다. 세종은 성군으로 불릴 정도로 위대한 임금이고 수많은 업적을 이루었는데, 그 원동력은 세종이 등용하고 육성한 인재에게서 나왔다. 그렇다고 세종시대에 유독 뛰어난 인재가 많았냐 하면 꼭 그런 것만도 아니다. 선조시대는 '목릉성세穆陵盛世'라 불릴 만큼 수많은 인재가 배출되었지만, 정치의 수준이나 업적은 세종에 감히 비할 바가 아니다. 결국, 인재를 알아보고 육성하여 적재적소에 배치한 세종의 역량이 큰 역할을 한 것이다.

세종은 "정치를 하려면 인재를 얻는 것이 급선무이니, 직무에 적임자인 관원을 선발한다면 모든 일이 다 잘 다스려진다"라고 했다.[3] 나라에서 어떤 사업을 추진하기 위해서는 재원이 준비되어야 하고 관련 규정과 시스템이 갖춰져야 하겠지만 무엇보다 그 일을 훌륭히 기획하고, 진행하고, 실현해줄 사람이 필요하다. 문제는 그러한 인재가 누구고, 또 그러한 인재는 어디에서 찾을 수 있냐는 것이다.

흔히 우리는 훌륭한 인재를 발견해서 좋은 성과를 거두었다는 뿌듯함보다는 '사람이 없다', '인재를 찾기 힘들다'라는 탄식에 익숙하다. 적임자를 찾아 중용하고 싶어도 적당한 사람이 보이지 않는다며 하소연한다. 정말로 인재가 없는 것일까?

세종은 "인재는 언제나 있지만 다만 몰라서 쓰지 못하는 것이다"라고 했다.[4] "열 집이 사는 작은 고을에도 반드시 충직하고 신의가 있는 자가 있다"[5]라는 공자의 말을 인용하며, "나라 안에 어찌 사람이 없음을 걱정할 것인가. 다만 구하기를 정성껏 하지 못하고, 천거하기를 조심하지 않았는지 각별하게 유념해야 한다"라고 말했다.[6] 인재가 없다고 불평하기 전에 과연 좋은 인재를 찾고자 진심으로 정성을 다했는지부터 돌아보라는 것이다. 다음의 발언도 같은 맥락이다.

인재는 세상 모든 나라에서 가장 중요한 보배다. 인재의 근원은 마음의 기질에서 나오고 마음의 기질은 정치의 교화로써 양성할 수 있다. 마음의 기질과 정치의 교화가 상호 작용하면서 현명한 사람과 어리석은 사람이 나뉘는 것이다. 대저 임금이라면 누군들 인재를 등용해 쓰고 싶지 않겠는가? 하지만 인재를 쓸 수 없는 경우가 세 가지 있다. 첫째, 임금에게 인재를 알아보는 눈이 없을 때이다. 둘째, 인재를 알아도 구하는 마음이 절실하지 못할 때이다. 셋째, 인재와 뜻이 서로 맞지 않는 때이다.[7]

먼저 인재를 알아보는 눈이 없다는 것은 어떤 상황일까? 그 사람이 능력이 있는지 없는지를 평가하는 안목 자체가 없는 경우다. 또한, 나의 선입관이나 편견으로 인해 그 사람의 참모습을 알아차리지 못할 때다.

다음으로 인재를 절실하게 구하지 않는다는 것은, 왕이 인재의 능력을 평범하게 생각하고, 인재에 대한 주변의 평가를 제대로 살피지 않으며, 등용하더라도 의심하거나 일을 주었더라도 전적으로 맡기지 않는 경우를 말한다. 어떤 사람이 인재라는 것은 알지만 그 사람이 무엇을 정말 잘하는지, 그 사람의 능력이 어떤 가치가 있는지 모르는 것이다. 아니, 알 생각을 하지 않는 것이다. 왜 그러한가? 인재를 절실하게 구하고자 하는 마음이 없기 때문이다. 그러다 보니 인재가 마음껏 능력을 펼칠 기회와 역할을 부여하지 않게 된다. 인재는 있으나 마나 한 존재가 되는 것이다.

마지막으로 임금과 인재의 뜻이 맞지 않는 경우란, 저 사람이 뛰어난 인재라는 것을 알고 그 능력을 인정한다고 해도, 임금의 마음에 들지 않는다며 외면하는 것이다.

이에 대해 세종 때의 학자 강희맹姜希孟은 "임금이 도덕에 뜻을 두고 있으면 공명功名을 말하는 인재를 저속하다고 할 것이며, 임금이 공명에 뜻을 두고 있으면 도덕을 말하는 인재를 시대에 뒤떨어졌다고 평할 것입니다"라고 했다. 임금이 자신의 관심사와 성향에 부합하는 인재를 선호하는 것은 당연한 일이다. 자신의 비전과 목표를 달성하려면, 이와 잘 맞는 인재를 끌어들여야 한다.

하지만 자신과 맞지 않는다고 해서 나라에 불필요한 존재인 것은 아니다. 임금과는 성향이 다르더라도 나라와 백성에게 도움이 되는 인재들이 많다. 이러한 인재를 소홀히 대하거나 외면해서는 안 된다. 즉, 임금의 주관은 접어두라는 것이다.

앞에서 한 이야기와도 연결되는데, 임금이 마음에 맞는 사람만 등용하고 생각이 다른 사람을 버린다면, 사람들은 임금이 좋아하는 것에 자신을 맞추려 들 것이다. 나라에 하등 보탬이 되지 않는 상황이다.

그런데 인재 등용을 방해하는, 이와 같은 세 가지 경우를 잘 극복했다고 하더라도, 인재를 적재적소에 배치하기란 또 만만치가 않다. 개개인이 저마다의 품성과 성격을 가졌듯이 인재의 모습도 천차만별이기 때문이다. 세종은 "인재의 종류는 여러 날을 두고 밤낮을 가리지 않고 말한다고 해도 다 말하기 어렵다"라고 했다. 다시 강희맹의 말을 살펴보자.

사람은 형상과 모습이 만 가지로 다르고 기호와 욕구가 만 가지로 구별됩니다. 저마다 지혜로움과 어리석음, 현명함과 부족함, 어두움과 밝음, 강함과 약함이 서로 다릅니다. 그러니 이 모든 차이를 바로잡아 인격을 완성시킨 후에 그 사람을 등용하고자 한다면, 설령 요순과 같은 임금이 다시 나타난다고 해도 불가능할 것입니다. (중략) 대저 세상에 완전한 재주란 없습니다. 적합한 자리에 그 재주를 쓰게 하소서. 모든 일에 능통한 사람도 없습니다. 맡은 바 일에 그 능력을 쓰게 하소서. 단점을 버리고 장점을 취한다면 탐욕스러운 사람이든 청렴한 사람이든 부릴 수 있을 것입니다. 하자나 허물만 지적하려 든다면 현명하고 능력 있는 사람이라 할지라도 벗어나지 못하는 법입니다. 그러니 누구는 쓸 수 있고, 누구는 쓸 수 없다고 말할 수 있겠습니까? 오직 재능만 우선해서는 안 됩니다. 잘하는 점을 취한다면 어떤 사람이든 쓸 수가 있습니다. 어리석고 못난 사람을 바꿀 수는 없더라도 그 단점을 보완해준다면 어떤 사람이든 쓸 수가 있습니다.[8]

완벽한 사람은 없다. 누구에게나 단점이 있고 부족한 점들이 있다. 만일 인재가 완전하길 바라고 단점이 없길 바란다면 세상에 쓸 수 있는 인재는 하나도 없을 것이다. 공동체에 아무런 도움이 되지 않고 해악만 끼치는 사람이라면 당연히 주저 없이 내쳐야 하겠지만, 나라와 백성에게 보탬이 되는 장점을 소유했다면 그 장점을 취해야 한다. 그래야 좀더 많은 인재들을 활용할 수 있고, 인재들이 가진 역량을 공동체를 위해 투입할 수 있게 된다.

그렇다고 단점을 외면하라는 뜻은 아니다. 즉, 사람의 장점을 취하라는 것은 단점으로 인해 그 사람을 사장하지 말라는 것이지, 장점만 있으면 상관없다는 뜻이 아니다. 그 사람의 장점을 취한 뒤에는 반드시 그 사람의 단점을 보완하고 바로잡아야만 인재가 제 역할을 할 수 있게 된다. 인재와 공동체의 상호발전도 가능해진다.

인재의 장단점을 파악하는 법

자, 모두 좋은 말이다. 인재를 찾아내서 인재가 가진 장점을 잘 발휘할 수 있도록 이끌어주라는 것. 인재의 단점을 보완하고 바로잡아 주라는 것. 임금의 편견이나 주관적인 선호를 버리고 객관적으로 인재를 살피라는 것. 인재가 마음껏 능력을 발휘할 수 있도록 판을 깔아주라는 것. 마땅한 이야기이고, 누구나 들으면 고개를 끄덕일 말이다. 그런데 막상 어떻게 실천해야 할까? 도대체 왕이 어떻게 해야 그러한 안목을 가질 수 있고, 인재를 잘 판별해낼 수 있을까? 인재의 장점은 어떻게 북돋워줄 것이며, 인재의 단점은 또 어떻게 바로잡아줄 것인가? 임금이 옛 성군들처럼 완전무결한 사람도 아니고, 심지어 인재보다 능력이 부족할 수도 있다. 그러니 어떻게 이것이 가능할 수 있을까?

조선 성종 때 홍문관은 다음과 같은 합동 상소를 올렸다.

임금이 인재의 진위를 분별할 수 없어서 옳고 그름, 사악함과 올바름을 헷갈린다면 천하는 위태로운 지경에 빠질 것입니다. 무릇 큰 간사함은 충성스럽게 보이고, 큰 속임수는 신뢰할 수 있는 것처럼 보입니다. 군자로서 소인小人이 할 만한 행동을 하는 자는 백에 한두 명도 없지만, 소인으로서 군자다운 채 하는 자는 자주 출현합니다. 따라서 임금은 더욱 깊이 구별하여 판단하지 않을 수 없습니다. 그러나 사람을 알아보는 방법은 대체로 어렵습니다. 구준寇準[9]처럼 어진 재상도 정위丁謂의 간사함을 깨닫지 못하였고 당시에 이를 알아본 자는 오직 이항李沆 한 사람뿐이었습니다. 사마광司馬光[10]처럼 어진 이도 왕안석王安石의 간사함을 알지 못하였고 당시에 이를 아는 자는 오직 여회呂誨 한 사람뿐이었습니다. 정위와 왕안석의 글재주는 거짓을 꾸미기에 충분했고, 그 재주는 세상을 놀라게 할 정도였습니다.

하여 밝은 지혜를 가진 임금도 현혹당했으며 어둡고 용렬한 임금은 그들을 의지하여 무겁게 예우하였습니다. 상홍양桑弘羊 같은 자는 계책으로 무제를 현혹하였고, 우문융宇文融은 정밀함과 민첩함으로써 현종을 현혹했습니다.[11] 노기盧杞[12]는 말재주로 덕종德宗을 현혹하였고, 채경蔡京은 뛰어난 업무 능력으로 휘종徽宗을 현혹하였으며, 진회秦檜는 거짓 절개로써 고종高宗을 현혹했습니다.[13]

자고로 소인이 나라를 그르칠 수 있었던 데는 어찌 이유가 없었겠습니까? 사람을 관찰하고 사람을 취하는 방법이 서책에 갖추어져 있고 소인들의 행태도 상세히 기술되어 있으니 전하께서는 빠짐없이 통촉하셔야 합니다.[14]

누가 봐도 좋은 사람, 누가 봐도 나쁜 사람은 구분하기 쉽다. 모두가 찬탄하는 인물, 모두가 비판하는 인물은 굳이 임금이 나서지 않아도 저절로 정리된다. 문제는 현실에서 만나게 되는 인재의 양상이 매우 복잡미묘하다는 것이다. 가령, 충성스러운 듯 보이나 다른 마음을 품고 있고, 도덕군자처럼 행동하나 속으로는 탐욕스러운 사람이 있다. 현명하다고 생각했지만 어리석고, 어질다고 믿었지만 간사한 사람이 있다. 인재를 등용할 때 이러한 실상을 파악해내지 못하면, 인사人事는 혼란에 빠지고 나라에도 큰 해를 끼칠 것이다. 따라서 인재를 살피는 임금의 마음이 무엇보다 중요하다.

그런데 앞서 말했듯이, 구체적으로 어떻게 해야 할지 그 방법이

막연할 것이다. 이러저러한 자세와 노력이 필요하다는 것은 알겠는데, 그것은 일종의 기본원칙에 불과하다. 아무리 무예가 뛰어나도 실전경험이 부족하면 전장에서 제힘을 발휘하기 힘든 법이다. 다양한 실제 사례를 배우고 익혀야 어떠한 상황에서도 효과적으로 대응할 수 있다. 바로 이것을 책을 통해 공부하라는 뜻이다. 유학의 경전과 역사서에는 인재를 판별하고 등용하는 방법이 자세히 나와 있다. 간신과 소인배들의 행태도 상세히 기록되어 있다. 인재 등용에 성공한 왕은 어떻게 하여 성공했는지, 실패한 왕은 왜 실패했는지도 확인할 수 있다.

장점을 살려주고 단점을 바로잡아주는 방법도 마찬가지다. 인재는 올곧은 마음과 굳센 기개를 가졌지만 무능한 사람, 머리가 좋지만 행실이 나쁜 사람, 게으르고 자기 마음대로 행동하지만 업무 능력이 탁월한 사람, 성품이 착하지만 자기만 옳다고 생각하는 사람 등 각기 장단점을 혼합하여 가지고 있다. 이들을 제대로 이끌어주려면 마음공부만으로는 한계가 있다. 왕은 옛 성현의 조언을 듣고 옛 임금들의 행적을 공부함으로써 지금 상황에 맞는 최선의 길을 찾아가야 하는 것이다.

4장 | 왕은 최선의 선택을 해야 한다

다양한 상황에 필요한 결단력

1장에서 임금은 '하늘의 이치'를 현실에 실천하는 존재라고 했다. '하늘의 이치'는 보편적 도덕규범이자 불변의 진리다. 이것을 현실에서 구현하려면, 현실에 대한 면밀한 고려가 뒷받침되어야 한다. 끊임없이 변화하고, 무수한 다양성을 표출하는 현실의 상황이 반영되지 않는다면, 아무리 보편성을 갖춘 규범 원리라 할지라도 현실과 유리되어 관념화하기 쉽다. 그래서 유학에서는 불변의 진리, 보편적 도리로서의 '경도經道'와 이것을 현실에 알맞게 운용해 실천하는 '권도權道'라는 개념을 함께 제시했다. 권도를 통해 현실 세계의 역동성을 담아내며 진리에 생명력을 부여하고자 한 것이다.

권도는 공자가 처음 제시한 이래 맹자에 의하여 구체화되었다. 맹자는 권도에 관한 세 가지 사례를 제시한다. 우선, "형수가 물에 빠지면 손을 뻗어 구해야 합니까?"라는 제자의 질문에 맹자는 "남녀 간에 직접 주고받지 않는 것이 예禮라면, 형수가 물에 빠졌을 때 손으로 구원하는 것은 권權이다"라고 대답했다.[1] 남녀는 부부가 아닌 이상 서로의 손을 잡아서는 안 된다. 그것이 예법이다. 그렇다고 형수가 물에 빠졌는데 그저 바라만 볼 수 있겠는가? 소중한 생명을 구하기 위해 얼마든지 손을 뻗어 붙잡을 수 있다. 이것이 권도라는 것이다.

다음으로, 순 임금이 아버지 고수瞽瞍에게 이야기하지 않고 장가를 간 사례다. 만약 순 임금이 장가를 가겠다고 여쭈었다면 순을 죽이려 들었던 나쁜 아버지 고수는 끝내 허락하지 않았을 것이다. 맹자는 불효 중에서 가장 큰 불효가 후손을 얻지 못하는 것이라고 봤다. 그래서 이때 "순 임금이 고했다면 아내를 맞을 수 없어 후사가 없었을 것이니, 아뢰는 것이 예법이요, 아뢰지 않는 것이 권도"라고 설명했다.[2]

마지막으로, 주나라 태왕太王은 오랑캐가 침략하자 도읍을 버리고 떠났다. 한 나라의 임금으로서 사직이 위태로울 때 목숨을 바쳐 지키는 것이 예법이나, 백성을 살리기 위해 권도를 택했다는 것이다.[3]

각기 다른 상황이지만 주제는 동일하다. 보편 원칙을 고집할 수 없는 특수상황에 처하게 됐을 때 어떻게 행동해야 할 것인지에 대해 이야기하고 있다. 또한, 이는 하나의 올바름과 또 다른 올바름의 충돌이기도 하다. 형수가 물에 빠졌을 때 손을 잡아 구하는 사례로 다시 가보자. 외간 남녀의 스킨십을 금지하는 것도 올바른 일이고, 물에 빠진 사람에게 손을 뻗어 생명을 구하는 것도 올바른 일이다. 현실에서는 이처럼 도덕 윤리들이 맞부딪힐 때가 많다. 이 경우, 상황에 따라 하나의 올바름을 선택하고 다른 올바름은 유보해야 하는데, 이것이 바로 권도의 역할이다.

임금은 이와 같은 상황을 자주 만나게 된다. 유학에서 '하늘의 이치'라는 보편윤리를 통해 정치를 운영해야 한다고 강조해도, 선과 악이 혼재된 것이 정치의 현장이다. 국익을 위해, 백성의 안전을 위해 도덕적이지 못한 수단을 사용할 때도 있다. 군사력을 동원하는 것이 대표적이다. 개인으로서의 올바름과 임금으로서의 올바름이 부딪히기도 한다. 한 사람의 개인이라면 하지 않았을 일이지만, 임금이기 때문에 해야 하는 일이 있다. 조선 선조 때 유학자 우계 성혼成渾의 설명을 보자.

촉한蜀漢의 소열황제昭烈皇帝는 오吳나라에 패하고 분통해하다가 영안궁에서 붕어하였으니 후주後主의 처지에서 본다면 오나라는 깊은 원수라고 이를 만합니다. 그러나 국정을 담당한 제갈공명은 즉시 오나라에 사신을 보내어 화친하였으니, 이는 진실로 오나라

와 촉한이 합세한 뒤에야 촉한의 적인 위나라를 토벌할 수 있었기 때문이었습니다.[4]

후주에게 오나라는 아버지를 죽게 만든 원수다. 하지만 촉한의 군주로서 생각하면, 한漢나라 부흥의 대의를 위해 오나라와 동맹해야 한다. 병자호란 당시 화친을 주장했던 최명길崔鳴吉의 생각도 같은 맥락이다. 조선이 명나라의 은혜를 입은 것은 분명한 사실이다. 그러나 나라가 망하고 백성이 도륙될 수 있는 상황에서 명나라의 의리를 지키겠다고 나서는 것은 작은 윤리 때문에 국가의 책임을 저버리는 행위라는 것이다.

물론, 권도가 늘 정답이고 제갈공명과 최명길의 선택이 무조건 옳다는 뜻은 아니다. 선황제 유비의 원수라며 오나라와의 협상을 끝까지 반대했던 일부 촉한 신하들의 주장도 맞다. 병자호란 때의 김상헌金尙憲처럼 멸망을 각오하고 나라의 자존심을 수호해야 할 수도 있다. 다만 강조하고 싶은 것은, 현실에서 하나의 윤리, 하나의 원칙만 고집할 수 없다는 것이다.

다양한 명분과 서로 다른 윤리가 뒤섞이는 것이 정치다. 그러다 보니 각자가 추구하는 올바름이 상충되기도 한다. 개인의 자유를 우선할 것인가 공공의 질서를 우선할 것인가, 성장을 우선할 것인가 분배를 우선할 것인가 등 정치행위마다, 정책 하나하나마다 우선순위의 충돌, 가치관의 대립이 있을 수 있다. 이때 경도를 택하든 권도를 택하든, 제3의 지점을 택하든, 최선의 선택을 해야 한다.

좋은 선택을 위한 마음공부

그렇다면 왕은 어떻게 해야 좋은 선택을 할 수 있을까? 왕은 '특정한 상황'에서 '이 나라를 위해' '가장 적절한 지점'을 찾아야 한다. 언제나 '경도', 즉 보편원칙만 준수해야 한다면 고민할 필요가 없을 것이다. 하지만 왕의 선택은 '권도'여야 하는 경우가 많다. 이상보다는 현실을 좇아야 하고, '이것이 올바르냐?'보다는 '이것이 나라와 백성에게 이익이 되느냐?'를 따져야 한다. 어쩔 수 없는 일이라지만 때때로 원칙에서 벗어나기 때문에, 심사숙고하는 자세가 매우 중요하다. 또한, 자신의 선택이 옳다는 것을 반드시 증명해내야 한다. 그렇지 않으면 언제 잘못된 길로 빠지게 될지 모른다.

1418년(태종 18) 6월 3일, 태종은 세자인 양녕대군을 폐위하고 셋째 아들 충녕대군을 세자로 삼았다. 양녕대군이 세자로서 품위를 저버렸기 때문이지만 태종이 마음먹기에 따라서 얼마든지 덮어줄 수 있는 수준이었다. 하지만 태종은 "나라에 훌륭한 임금이 있어야 사직에 복이 된다"라며 전격적으로 폐세자를 단행했다. 적장자승계의 원칙에서 벗어나는 일이고, 태종 자신도 이 원칙을 무너뜨리고 보위를 차지한 바 있기 때문에 정치적으로 큰 부담이었다. 그러나 태종은 지금은 권도에 따라 현명한 이를 세자로 삼아야 한다며 자신의 조치를 관철했다. 조선의 앞날을 위해서는 양녕대군이 아니라 충녕대군이 왕이 되어야 한다고 판단한 것이다.

둘째 아들인 효령대군을 건너뛰고 충녕대군을 선택한 이유에 대해서는 착하기만 한 효령과 달리 충녕은 "정치의 요체를 알아서 중대사를 처리할 때 내놓는 의견이 모두 옳고 훌륭했으며 다른 사람들이 생각하지 못한 놀라운 것들이었다"라고 말한다. "총명하고 민첩하며 학문을 좋아하고", "중국 사신을 접대할 때는 몸가짐과 언행이 모두 예의 부합하였다"라고도 평가했다. 충녕대군이 학문이 깊고 정무의 핵심을 잘 파악하며, 창의적이고 외교력까지 갖추었다고 본 것이다. 태종은 곧이어 충녕대군을 즉위시키며 4년에 걸쳐 직접 혹독하게 교육했다. '당시 조선의 상황'에서 '가장 적절한 후계자를 선택'하고 이를 증명한 사례라 할 수 있다.

하지만 경도에 위배된다는 비판을 감수하고 권도를 시행한다는 것은 분명 만만치 않은 문제다. 시의성을 담지한 최선의 길을 선택하기 위해 권도를 행사한다지만, 일단 원칙에서 벗어나게 된 이상 자칫 잘못하면 나쁜 결과로 이어질 수 있다. 사사로운 욕심에 따라 행동하면서 권도라고 우기는 사람이 나올 수도 있다. 그뿐 아니다. 앞에서도 설명했지만, 올바름과 올바름이 충돌하고, 상황에 따라 어느 하나를 미뤄야 하는 일도 우리의 결정을 어렵게 만든다. 예컨대, 전국적으로 유행했던 전염병이 종식되었는데 언제 다시 발생할지 모른다며 개인의 자유를 계속 통제하는 것은 옳지 않다. 반대로 전염병이 창궐하여 국가질서와 국민의 안전을 위협하는 상황이라면 개인의 자유를 일정 부분 제약할 수 있다. 지금이 과연 어떠한 상황이냐에 대한 신중한 진단이 필요한데, 각각의 적절한 지점을 찾기가 쉽지 않다. 급박한 상황에서 이것저것 따지느라 골든타임을 놓쳐버릴 수도 없고 말이다.

그래서 유학자들은 권도의 필요성을 인정하면서도 조심히 행사해야 한다고 거듭 강조했다. 그렇다고 일부 유학자의 주장처럼 성현聖賢만이 권도를 행사할 수 있다고 보는 것은 타당하지 않다. 현실을 반영하는 능동적인 대응을 가로막아 버리기 때문이다. 따라서 성현도 나와 같은 선택을 했을 거라고 자신할 수 있을 정도로, 정밀하게 살피고 신중하게 판단하는 길밖에 없다. 혹시라도 개인의 주관에 따라 결정한 것은 아닌지, 감정이 치우쳐서 잘못 판단하지는 않았는지, 알게 모르게 나의 욕심이 개입되지는 않았는지, 조심하고 또 조심해야 한다.

임금에게 마음공부가 필요한 이유도 마찬가지다. 마음이 닦이지 않으면 무엇이 옳고 그른지를 판단할 수 없다. 감정의 치우침을 통제하기 어렵고, 사사로운 욕심이 개입되는 것을 막기 어렵다. 게다가 임금의 선택은 선과 악이 아니라, 선과 선, 옳은 것과 옳은 것 사이에서 이루어진다.

정말로 신중하게 살피지 않는다면 최선의 결정을 내리기란 불가능하다. 설령 임금의 의도가 선하더라도 그의 결정은 공정함을 잃게 될 것이다.

2부

왕은
무엇을
공부하는가

우리는 왜 공부할까? 인성을 도야하고 자아를 성장시키려고? 맞는 말이긴 하지만 이런 교과서 같은 이야기는 잠시 접어두기로 하자. 우리가 공부하는 이유는 우선 알기 위해서다. 왜 알아야 할까? 잘하기 위해서다. 진학을 잘하든, 취업을 잘하든, 연구를 잘하든, 업무를 잘하든, 자신이 하고 싶은 일, 하는 일, 해야 할 일을 '더욱 잘하기 위해' 공부를 한다.

1부에서 왕이 왜 공부해야 하는지를 설명했다. 왕으로서 좋은 정치를 펼치려면 감정을 잘 제어하고, 인재를 잘 판별하고, 판단과 결정을 잘해야 한다. 그러려면 가치 기준을 분명하게 확립하고 내 마음의 역량을 강화해야 하는데, 누군가의 안내 없이 혼자서 하기란 매우 어렵다. 그래서 성현의 가르침이 담긴 유학 경전經傳 공부가 강조되었다.

더욱이 안다고 곧바로 실천할 수 있는 것이 아니다. 아무리 훌륭한 무공의 요결을 깨우쳤다고 하더라도 연습하여 자기 것으로 만들지 않으면 소용없는 법이다. 실전 경험도 뒷받침되어야 한다. 경험치를 다 쌓은 후 왕이 되는 것이 아니니, 왕은 간접경험을 통해서라도 응용력과 문제해결력을 키워야 할 것이다. 이때 도움을 줄 수 있는 것이 역사 공부다. 아울러, 왕이 개별 업무에 관한 전문지식을 세세히 알 필요는 없겠지만, 옳은지 그른지를 판단하고 우선순위를 정할 수 있을 정도의 소양은 갖추고 있어야 한다. 왕이 군사나 의학과 같은 전문 분야에 관해서도 공부한 이유다.

2부에서는 이에 관한 이야기를 다룬다. 왕이 구체적으로 어떤 책을 읽었고, 무엇을 공부했는지를 살펴보자.

1장

성현의 말에서 지혜를 얻다
_ 유학 경전

올바르게 상황을 인식하는 역량을 키우다

유학자들은 사람이 사람답게 살아가려면 경전을 공부해야 한다
고 주장했다. 경전에 적혀 있는 성인과 현인의 가르침이 내 삶의
원칙이 되고, 행동의 기준이 되어주기 때문이다. 만약 경전을 통
해 배움을 얻지 못하면, 내가 어떤 지식을 쌓아야 하는지, 어떻게
실천해야 하는지를 알 수가 없다. 악한 것을 보아도 그것이 왜 잘
못된 것인지, 왜 경계해야 하는지를 이해하지 못한다. 무엇이 옳
은지 그른지를 판단할 수 없으니, 설령 뛰어난 능력이 있더라도
좋은 결과를 만들어낼 수 없는 것이다. 착한 성품을 가졌더라도
시시비비를 가리지 못하고, 어떻게 대응해야 하는지를 모르기 때

문에 자기도 모르는 사이에 나쁜 길로 빠질 수 있다.

더구나 '경전'은 성현의 말과 자취를 기록한 책이다. '경전'은 '성경현전聖經賢傳', 즉 성인이 지은 것을 '경'이라고 하고, 현인이 지은 것을 '전'이라고 부르는 데서 비롯된 말이다. 《논어論語》와 《맹자孟子》가 '경'이라면 주희가 쓴 《근사록近思錄》은 '전'이 되는 식이다. 아무튼, 성현의 언행을 담았으니 이것을 열심히 공부하면 자연히 내 지식이 성현의 지식에 근접하게 되고, 나의 마음가짐이 성현의 마음가짐을 닮게 되며, 내 행동이 자연스레 성현의 행동을 본받게 된다.

물론, 성현의 수준에 도달한다는 것이 쉬운 일은 아닐 테지만, 성현의 말씀을 따라 배우고 실천해보는 공부만으로도 내가 좀더 나은 사람이 될 수 있다. 이는 다른 누구보다도 완벽해야 하는 임금, 나라를 통치할 뿐 아니라 백성을 깨우치고 이끌어가야 할 책임이 있는 임금에게 너무나도 필요한 일이다.

따라서 왕은 유학 경전, 특히 '사서四書'에 대한 학습이 강조되었다. 사서는 공자의 언행을 기록한 《논어》, 맹자의 논설이 담긴 《맹자》, 삶을 살아가는 마음가짐과 태도를 설명한 《중용中庸》, 수신과 치국을 유기적으로 연결하여 통치자의 교과서라 불린 《대학》이다. 왕은 이 책들에 나와 있는 성현의 가르침을 등불로 삼아 자신의 마음을 밝히고, 사사로운 욕망을 제거하며, 감정의 치우침을 억제해야 했다.

그런데 이러한 경전 공부는 한가한 이야기가 아니냐고 생각할 수도 있다. 왕이 얼마나 바쁜데, 하루에도 처리해야 할 일이 얼마나 많은데, 도덕이니 의리니, 공자의 말씀이니 맹자의 말씀이니 하고 있느냐는 말이다. 게다가 왕은 구체적이고 실제적인 일들을 처리해야 한다. 현실의 문제를 해결하고 현실 속에서 성과를 내야 한다. 한데 유학 경전에 담긴 가르침들은 대부분 추상적이고 원론적이다. 사례로 드는 이야기들도 모두 과거의 일이다.

이것이 과연 지금의 임금에게 절실할까? 왕이 오늘의 사업을 추진하는 데 도움이 될 수 있을까? 이에 대해 17세기 조선의 경세가 조익趙翼은 이렇게 말했다.

인의를 펼쳐라, 선을 행하라는 말이 그저 경전에 나오는 진부한 말이요, 유학자들이 습관처럼 이야기하는 것이라 여길 수도 있습니다. 급격한 변화가 이루어지고, 재난이 자주 일어나며, 사람들의 마음이 흔들리는 요즘과 같은 때에, 기발한 묘책이나 멋들어진 대책을 올리지 않고 사서四書의 평범한 이야기를 강조하는 것이 적절치 못하다고 생각할 수 있습니다. 아니, 심지어 어리석다고 말하는 사람도 있을 것입니다. 그러나 생각해보십시오. 변화에 대응하고 사람들의 마음을 바로잡으려면, 사서의 가르침보다 어울리는 것이 어디 있습니까?[1]

급변하는 대내외 환경에 능동적으로 대응하기 위해서는 지식이 우선순위가 아니다. 지식만으로는 새로운 변화를 따라가기 어렵다. 그보다는 세상의 흐름을 읽는 안목이 있어야 한다. 올바르게 상황을 인식하고 판단할 수 있는 역량이 필요하다. 그러기 위해서는 내 마음이 맑고 투명해야 하며, 건강해야 한다. 인식과 판단의 주체로서 내 마음이 확고한 중심을 잡고 있어야 한다. 이는 유학의 경전, 특히 사서가 강조해온 것으로, 뻔한 이야기인 듯 보이지만 지도자에게는 무엇보다 절실하다.

같은 맥락에서 임금에게는 실무 역량이나 구체적인 전문지식이 중요한 게 아니다. 그보다는 좋은 신하인지 나쁜 신하인지, 신하가 잘하고 있는지 아닌지, 이 일이 타당한지 아닌지를 구별할 수 있어야 한다. 그래야 신하가 제 역할을 다하고, 일도 흔들림 없이 추진할 수 있다. 경전은 바로 그 구별하는 기준을 자세히 가르쳐준다. 자, 그러면 왕이 공부한 유학 경전의 세계로 들어가보자.

기본 중의 기본, 《논어》

《논어》는 너무 유명한 책이다. 공자의 제자들이 스승의 언행을 모아 기록한 것으로, 동양과 서양, 과거와 현재를 막론하고 사랑받아온 스테디셀러다. 유학의 비조鼻祖 공자의 사상이 담겨 있으므로 경전 중에서도 으뜸으로 꼽힌다.

그런데 《논어》를 읽는 데는 문제가 하나 있다. 책 자체가 일종의 어록집이다 보니 맥락을 파악하기가 어렵다. 공자가 왜 이런 말을 하게 됐는지, 왜 이런 행동을 했는지, 배경 설명이 나오지 않는다. 그러다 보니 상반되는 것 같은 말도 보인다. 가령 공자는 "천하에 도가 없으니 세상으로 나가 바로잡으려 한다"고 말하면서도[2] 다른 대목에서는 "천하에 도가 있으면 자신을 드러내고 도가 없으면 숨어야 한다"고 말했다.[3]

《논어》를 해석한 주희의 설명에 따르면 세상에 도가 행해지지 않고 있더라도 우선은 관직에 나아가야 한다. 내가 도를 펼칠 수 있는 여건인지 아닌지, 내가 바꿀 수 있는 여지가 있는지 아닌지를 확인해야 한다. 그러지 않고서 처음부터 못 하겠다고 말해서는 안 된다는 것이다. 일단 나아가서 노력해본 후, 도저히 진리를 추구하고 의롭게 행동하기가 불가능하다면, 그때 물러나 은거하는 것이다.

공자의 말은 각각 가리키는 시점이 다를 뿐, 상충되는 것이 아니다. 그래서 왕의 《논어》 공부는 주로 이 점에 중점이 두어졌다. 물론 선대의 학자들이 다양한 논어 주석을 남겨두긴 했다. 현인으로 추앙받는 주희의 《논어집주論語集註》가 대표적이다. 그러나 좀 더 자세한 상황 설명이나 등장인물에 대한 소개가 필요했고, 왕은 이것을 학문에 뛰어난 신하들에게 도움을 받았다.

여기서, 의아한 사람도 있을 것이다. 《논어》는 유학에서 가장 기본이 되는 경전이다. 왕들은 원손이나 세자 시절에 이미 《논어》를 다 뗐을 것이다. 한데 왜 경연에서 《논어》를 다시 강론했을까? 답은 간단하다. 기본에 충실해야 한다고 생각했기 때문이다. 더욱이 읽을 때마다 달라지는 것이 고전이다. 나의 지식과 경험, 깨우침의 정도에 따라서 고전은 그때마다 다른 교훈을 준다. 그러니 왕이 되어서도 《논어》는 여전히 공부해야 할 소중한 책인 것이다. 실록에 나오는 몇 가지 일화를 살펴보자.

1449년(세종 31), 명나라 황제 정통제가 오이라트족 정벌에 나섰다가 패하여 사로잡히는 '토목土木의 변'이 일어났다. 조선 조정도 크게 당황했는데, 세종이 다음과 같이 말했다.

> 이 소식을 전해 듣고 많은 사람이 어쩔 줄 모르며 소란스러워하고 있다. 내가 생각하기에 한편으로 두렵긴 하나 또 한편으로는 무서워할 필요가 없다고 본다. 옛사람은 큰일을 만나게 되면 반드시 두려워하는 마음으로 임하되 힘껏 도모하여 성사시키라고 하였다. 두려워하는 마음으로 일을 대하라는 것은 심사숙고하고 조심하라는 뜻이요, 힘껏 도모하여 성사시키라는 것은 두려워하고만 있지 말라는 것이다.[4]

세종은 《논어》〈술이述而〉편의 "나는 일에 임할 때 두려워하되 힘껏 도모하여 일을 성사시키는 사람[臨事而懼, 好謀而成者]과 함께할 것이다"라는 대목을 인용하고 있다. 이 말은 용기만 믿고 무모했던 제자 자로子路를 단속하기 위해 공자가 한 말이다. 이처럼 두려워하는 마음이 있어야 철저히 준비할 수 있다. 최악의 가능성을 상정하고, 내가 혹 빠트린 것이 없는지를 면밀하게 살핀 다음, 그때 용감하게 나아가야 한다.

이런 장면도 있다. 1683년(숙종 9) 경연에서, 부교리 김창협金昌協이 한 말이다.[5]

신이 살펴보건대, 전하께서 경연에 임하여 공부하실 때 어려운 문제에 대해 질문하시는 것을 본 적이 없습니다. 그동안 여러 신하가 이 점을 말씀드렸지만, 한결같이 조용히만 계시니 신은 적잖이 걱정스럽습니다. 옛 성현이 "의심나는 점이 있으면 반드시 물어서 밝혀야 한다"라고 하셨듯이, 학문할 때에는 의심 가는 바가 없을 수 없고, 의문점이 생기면 반드시 질문하는 것이 마땅한 도리입니다. 혹시 전하께서는 자신의 학문이 높다고 생각하시어 다른 사람에게 물어볼 필요가 없다고 생각하시는 것입니까?

《중용》에 이르기를 순은 큰 지혜를 가지고 있었지만 혼자서 깨우치고 자득自得한 것이 아니라, 묻기를 좋아하고 말을 살피길 좋아하였다고 하였습니다. 증자曾子는 안연顏淵을 일컬어 "유능하면서도 무능한 사람에게 물었고, 박학다식하면서도 배움이 얕고 지식이 부족한 사람에게 물었다"라고 하였습니다. 큰 지혜를 가진 순 임금과 공자에 버금가는 성인이라 불리는 안자顏子도 이와 같으셨거늘, 어찌 전하께서는 자신의 학문만 믿고 다른 사람에게 물어보지 않으시는 것입니까? 신들이 비록 학문이 천박하고 우매하나 어찌 하나라도 전하께 보탬이 되는 바가 없겠습니까?

(중략) 만약 애초부터 의심할 만한 부분을 찾지 못하셨다면 더욱 큰 근심입니다. 정자程子는 말하기를, "학문하는 자는 먼저 의심을 두는 것이 중요하다"라고 하였고, 주자朱子는 말하기를, "책을 읽을 때 의심하지 아니하는 것, 이것이야말로 처음 학문에 들어선 이들의 공통된 폐해다"라고 하였습니다. 만약 절실하게 사색하고 착실하게 이해하려 든다면, 어찌 진실로 의심이 가지 않는 부분이 없겠습니까? 이는 의문을 두는 경지에 아직 이르지 못한 것일 뿐입니다.

숙종은 권위적이었으며 자존심이 강했다. 학문이 뛰어나다는 것을 과시하고 싶어서, 자신은 다 안다며 질문하지 않은 것이다. 설령 모르는 것이 있더라도 그 사실을 알리고 싶지 않았을 것이다. 그는 신하에게 질문하는 자체가 왕으로서 위신을 깎아내리는 일이라고 생각했다. 김창협은 이러한 숙종의 공부 태도를 신랄하게 지적하고 있다. 그러자 숙종도 가만히 있을 수는 없었던 것 같다. 침묵하고 있으면 김창협의 말이 옳다는 것을 인정하는 셈이니까. 숙종은 전날에 강론했던 내용을 펼치며 질문하기 시작했다.

"옛날의 학자는 뜻을 정성스럽게 하고, 마음을 바로잡는 것을 학문하는 목표로 삼았는데, 후세의 학문은 단지 자구字句를 어떻게 해석할지, 문장을 어떻게 꾸밀지만 일삼고 있으니, 이는 무엇 때문인가?"

김창협이 대답했다.

"공자가 '옛날 학자는 자신을 위해 학문하고, 지금의 학자는 다른 사람을 위해 학문한다'라고 말씀하셨듯이, 후세의 학문이 이와 같게 된 것은 공부할 때 남의 시선만 신경 쓰고, 자신을 위하지 않기 때문입니다."

김창협이 인용한 공자의 말은 《논어》 〈헌문憲問〉 편에 나온다. 공부란 '자신을 위해[爲己]'하는 것이다. 하늘이 부여해준 선한 본성을 회복하고 참으로 인간답게 살아가기 위해서, 더 지혜롭고 더 성장하기 위해 공부하는 것이다. 그러나 많은 사람이 남에게 인정받으려고 공부한다. 점수를 잘 받고 시험에 합격하기 위해, 좋은 회사에 취업하고 승진하기 위해 공부한다. 이것이 자신을 위한 공부의 한 과정이 된다면 문제가 없겠지만, 이 자체가 목적이 되어서는 안 된다는 것이다. 삶의 원칙을 확인하고 나아가야 할 방향을 찾음에 있어서 논어가 중요한 지침이 되고 있음을 보여준다.

군주의 정치적 자세를 논한《맹자》

《논어》가 공자에 대한 경서라면,《맹자》는 이름 그대로 맹자와 관련 있는 경서다. 짤막짤막한 일화로 이루어진《논어》와는 달리, 긴 논설 형태로 구성되어 있어 앞뒤 맥락을 파악하기에는 상대적으로 수월하다. 맹자는 이 책에서 '인의仁義'라는 개념을 중심으로 공자의 인仁 사상을 발전시켰고, 훗날 성리학의 토대가 되는 인간 심성에 관한 형이상학적 논의를 전개했다.[6] 왕도정치王道政治, 정전제井田制, 방벌放伐[7]과 같은 정치사상의 주제도 다뤘다.

이《맹자》또한 왕의 필독서였는데, 학문하는 방법과 수신에 관한 맹자의 주장은 다음 장에서 자세히 다룰 예정이다. 여기서는 실록 기사를 통해 왕들이《맹자》속에서 어떤 교훈을 얻었는지 간단히 살펴보기로 하자.

먼저, 1454년(단종 2)에 열린 경연의 한 장면이다.[8]

> 승지 박팽년朴彭年이 경연에서 아뢰기를, "임금은 지위가 높고 부귀하므로 근심할 일이 없을 것입니다. 그러나 옛사람이 이르기를, '우환憂患이 나를 살게 하고 안락함이 나를 죽게 만든다. 부귀만 믿고 편안하여 절도가 없으면 멸망의 길에 이른다'라고 하였습니다. 그러므로 옛 왕들은 항상 근심하고 부지런히 두려워하며 자신을 가다듬는 것을 마음 깊이 중요하게 여겼던 것입니다. 하물며 전

하께서는 어린 나이에 보위에 오르셨으니 진실로 아주 잠깐이라도 편안히 즐기려 하시거나 태만하고 게을러서는 안 됩니다. 편안히 즐기기를 좋아하면 위태로워져 이내 망하는 지경에 이르고, 근심하고 삼가는 자세를 가지고 있으면 나라가 떨쳐 일어날 것이니, 이 얼마나 두려운 일이 아니겠습니까?"라고 하였다.

단종이 자주 경연을 중단하고 활쏘기 구경을 즐기는 등 나태한 모습을 보이자 박팽년이 이를 경계한 것이다. 이 중 "우환이 나를 살게 할 것이고 안락이 나를 죽음으로 이끈다[生於憂患而死於安樂也]"[9]라는 대목이 바로 《맹자》에 나오는 말이다. 편안하고 즐거울 때, 우리는 방심한다. 자신을 성장시키려는 노력을 중단하고, 단점이 눈에 띄더라도 외면하곤 한다. 굳이 귀찮은 일을 벌이고 싶지 않은 것이다. 점점 내가 망가지고 있는지도 모르는 채로 말이다.

반면에 근심스럽고 걱정되는 상황은 비록 그 일을 겪고 있을 때는 힘들고 답답하겠지만, 분명 나에게 도움이 된다. 우환 속에서는 누구나 조심하고 심사숙고하기 마련이며, 조금이라도 더 노력하고 더 애쓰기 때문이다. 즉, 우환을 만났다고 해서 절망하지 말고 안락하다고 해서 안주하지 말라는 뜻으로, 우환과 안락을 모두 나의 성장의 계기로 삼아 항상 노력하라는 의미다. 다음에 등장하는 맹자의 말도 비슷한 의미다.

1471년(성종 2)에 열린 경연에서 《맹자》 〈이루離婁〉 상편의 "누군들 아니 지키겠느냐만 자신을 지키는 것이 지키는 일의 근본이 된다[執不爲守 守身 守之本地]"라는 구절을 강론하다가 동지사 이승소 李承召가 말했다.[10]

이것은 맹자가 사람이 자신을 지켜야 하는 이유에 대해 설명한 것입니다. 임금은 위로는 종묘사직을 지키고 아래로는 억조창생을 다스려야 합니다. 그 과업이 지극히 중대하니 자신의 몸을 삼가 지켜야 합니다. 그러나 임금에게는 안으로는 환관과 궁첩宮妾이 있고 밖으로는 거마車馬와 복종僕從이 있습니다. 예컨대 사냥하고 유람하는 즐거움을 맛보게 되면 자신을 지킬 수 있는 자가 드물게 됩니다. 이 때문에 대대로 어진 군주가 많지 않았으니, 하은주시대 이후에는 한나라의 문제文帝와 경제景帝, 당나라의 태종太宗 등 두어 명의 군주뿐이었습니다.

몸을 지킨다는 것은 다치지 않고 건강을 유지한다는 의미도 있겠지만, 내 마음의 중심을 잡고 외부의 유혹에 흔들리지 않는 상태를 말한다. 그래야 어떤 일이든 잘 해낼 수 있다. 한데 나라 안에서 가장 고귀한 지위에 있는 왕은 재물도 많고, 부릴 수 있는 사람도 많아서 쉽게 유흥에 빠질 수 있는 위치다. 권력도 막강하여 제멋대로 행동할 수 있으니 방종하게 될 확률이 높다. 이러한 유혹 앞에서 스스로 제어하고 평정심을 유지하기가 힘드므로, 어진 군주가 탄생하기 쉽지 않다는 것이다. 그러니 왕으로서 늘 조심하고 경계하라는 뜻을 담고 있다.

중도를 유지하는 힘, 《중용》

공자의 손자 자사子思가 지은 것으로 알려진《중용》은 원래《예기禮記》의 한 편이었다가 송나라 때 '사서四書' 체제가 확립되면서 별도의 경서로 독립했다.《중용》의 핵심은 첫 문장에 담겨 있다.

> 하늘이 부여한 것을 가리켜 '성性'이라 하고, 성을 따르는 것을 일러 '도道'라 하며, 도를 닦는 것을 '교敎'라 한다.

인간의 선한 본성은 하늘로부터 부여받은 것이다. 그 본성을 좇아 행동하는 것, 즉 기질에 가려졌던 본성을 회복하여 남김없이 펼쳐나가는 것이 '도'이며, 도를 닦아 다듬어나가는 것이 '교'라는 것이다. 요컨대, 인간 본연의 순수하고 선한 본성대로 살아가려면 어떻게 해야 하는지를 가르쳐주는 책이《중용》이다.

이를 위해《중용》은 특히 두 가지를 강조한다. 하나는 '중中'이고, 다른 하나는 '정성[誠]'이다. 책 제목에도 포함되어 있지만 '중'이란 단순히 가운데를 의미하지 않는다. 지금 여기에서 가장 적절한 지점을 찾고 거기에 부합하는 것이 '중'이다. '중'은 현재 상황에 따라 한가운데일 수도 있고, 오른쪽이 될 수도, 왼쪽이 될 수도 있다. '지금 여기' 꼭 알맞은 지점에 지나치거나 모자라지 않고, 치우치지 않기만 하면 된다. 따라서 '중'이 되려면, 혹은 '중'을 선택하려면 '지금 여기'가 어떤 상황인지, '지금 여기'의 사리나 형편에 가장 부합하는 것이 무엇인가를 심사숙고해야 한다. 그래서 '시'에 맞는 '중', '시중時中'이 강조된 것이다. 정조의 설명을 보자.

하늘이 덮여 있고 땅이 깔려 있고 해와 달이 비추고 서리와 이슬이 내리는 곳이라면 어디인들 마땅한 도리가 없겠으며, 어느 곳인들 '중'이라는 것이 없겠는가! 성인은 일상적으로 행하는 도리 속에서 그 '중'을 골라서 잡는 것이기 때문에 '중용'이라고 하는 것이다. 중용이란 처음부터 높고 아득하여 실행하기 어려운 일이 아니다. 어디를 가든 '상도常道'가 있고 어디를 가든 '중도中道'가 있으니, 이른바 '시중時中'이라는 것이다. '중'이란 글자의 뜻이 '시'라는 글자와 표리관계를 이루니, 《주역》에서 '시時의 뜻이 진실로 크다'라고 말한 까닭이다.

'중'이 '시'와 안팎을 이룬다는 말. 이것은 왕으로서 나라를 다스리고, 정책을 시행할 때 현실을 면밀하게 고려해야 한다는 의미다. 아무리 좋은 뜻이 담겼고, 고매한 이상에 입각한 정책이라 할지라도, 지금 이 순간을 살아가는 백성의 삶과 유리되면 쓸모가 없다. '중', '중도', '시중'은 왕에게 이 점을 늘 자각시켜주는 역할이었다.

다음으로, '정성[誠]'도 《중용》의 주요 주제다. 일찍이 영조는 석강에서 《중용》을 공부하다가 "정성을 다하지 않으면 아무리 학문이 뛰어나다 한들 나라에 무슨 보탬이 되겠는가?"라고 했다.[11] 아무리 아는 것이 많더라도 정성을 다하지 않으면 소용이 없다는 것이다.

《중용》에는 이 정성과 관련한 구절이 많이 나오는데, 《중용》 23장의 "정성을 다하면 형상을 이루고 형상을 이루면 드러나게 되니, 드러나면 밝아지고 밝아지면 감동을 줄 수 있다. 감동하면 변하고 변하면 화할 수 있으니, 오직 천하에 지극한 정성이 있어야 능히 변화를 이끌 수 있다"라는 말, 《중용》 25장의 "정성이 만물의 처음이자 끝이니, 정성스럽지 못하면 만물도 존재하지 않는다"라는 말, 《중용》 23장의 "지극한 정성은 쉼이 없다"라는 말 등이다. 다음 《중용》 20장도 정성에 관한 것이다.

널리 배우며 자세히 묻고 신중히 생각하며, 밝게 분별하고 독실하게 실천해야 한다. 배우지 않을지언정 일단 배우고자 한다면, 능하지 않고서는 그만두지 말라. 묻지 않을지언정 일단 묻고자 한다면, 알지 못하고서는 그만두지 말라. 생각하지 않을지언정 일단 생각하고자 한다면, 터득하지 않고서는 그만두지 말라. 분별하지 않을 지언정 일단 분별하고자 한다면, 분명하지 않고서는 그만두지 말라. 실천하지 않을지언정 일단 실천하고자 한다면, 독실하지 않고서는 그만두지 말라. 다른 사람이 한 번에 잘하면 나는 백 번을 하며 남이 열 번에 잘하면 나는 천 번을 해야 한다.

정성은 최선을 다하는 것이다. 내가 가진 역량을 남김없이 쏟아내는 것이며, 나 자신과 다른 사람을 속이지 않는 것이다. 상대방을 진심으로 대하고 소통하는 것 또한 정성이다. 따라서 정성이 있어야 나도 성장하고, 마음을 움직여 상대방도 변화시킬 수 있다. 이러한 정성은 왕에게 매우 강조되었다. 왕이 주어진 책임을 완수하고 맡은 역할을 성공적으로 수행하려면, 그야말로 쉴 틈 없이 지극한 정성을 다해야 하기 때문이다.

그러다 보니 《중용》은 신하가 왕에게 잔소리하는 수단으로 사용되기도 했다. 성종 때 경연에서 강희맹은 "임금이 나라를 다스리는 근본은 정성뿐이니, 원하옵건대 전하께서는 중용에서 말하는 '지극한 정성'의 도를 본받으셔서 처음과 끝을 한결같게 하옵소서"라고 했다.[12] 효종 때 신천익愼天翊은 《중용》을 인용하면서 "오로지 쉼 없는 정성을 다해야만 지극한 경지에 도달할 수 있으니, 전하께서는 마음에 새기소서"라고 말했다.[13] 영조 때 황경원黃景源은 당시 대리청정을 하고 있던 세자에게 이런 말을 하기도 했다.

"저하께서 요즘 《중용》을 공부하고 계신데, 《중용》에 이르기를 '정성스럽지 못하면 만물도 존재하지 않는다'라고 하였고, '정성이란 하늘의 도리로서, 정성이 없이 하늘을 감응시킨 자는 없다'라고 하였습니다. 지금 저하께서는 움직이시거나 가만히 계시거나, 말씀하시거나 행동하시는 순간에 항상 정성을 다하십니까, 아니하십니까?"[14]

이 외에도 무수히 많다. 솔직히 왕도 참 힘들겠구나 하는 생각이 든다. 정성은 수치로 환산할 수 있는 것이 아니다. 게다가 왕은 겸손해야 하고, 완벽을 추구해야 한다. 만일 누군가가 '지금 전하께서는 정성을 다하고 계십니까?'라고 묻는다면 '그렇다'라고 답변할 수가 없다. 정성스럽지 못하다는 비판을 받으면 반론하지 못하고, 그저 '내가 더 열심히 하겠다'라고 말해야 한다. 물론, 이러한 엄격함이 왕의 태만함을 방지하는 데 이바지했을 것이다. 그러나 앞에서 소개한 영조의 말을 제외한다면, 《중용》 공부를 할 때 왕이 먼저 '성誠' 자를 언급하는 일이 드문 것은 단지 우연일까?

자기수양의 정수, 《대학》

아아, 나의 어린 손자야. 반드시 격물格物에 정성을 다하고 치지致知에 정성을 다해라. 그리하여 어느 날 문득 환히 깨달아 도달하지 못하는 곳이 없고, 분명하지 않은 것이 없는 경지에 이른다면 주자가 보망장補亡章을 만든 의미가 오늘에 드러날 것이고, 해동의 300년 종묘사직은 길이길이 빛날 것이다. 이렇게 된다면 나는 세손에게 경사가 있음을 선왕들께 아뢰고자 종묘를 오르내릴 것이다. 300년 이 나라가 태산같이 굳건하고 반석처럼 편안하리니 어찌 나의 행복일 뿐이겠는가. 실로 너의 효성이기도 하다. 그러니 《대학》 공부에 어찌 감히 소홀하겠는가? 어찌 감히 소홀하겠는가?[15]

1775년(영조 51), 영조는 세손과 함께 집경당에서 열린 경연에 참석했다.[16] 이 자리에서 영조가 《대학》 1장과 보망장[17]을 암송한 후, 세손에게 《대학》 공부를 열심히 하라고 당부하며 지은 글이다. 《대학》은 격물格物 · 치지致知 · 성의誠意 · 정심正心 · 수신修身 · 제가齊家 · 치국治國 · 평천하平天下라는 '팔조목八條目' 구조를 통해 학문과 정치, 수기修己와 치인治人의 영역을 유기적으로 연결했다. 유학의 다른 경서들도 치인의 문제를 다루긴 하지만, 개인의 학문과 수양이 어떻게 정치로 연결되는지, 정치를 위해서는 왜 학문과 수양이 필요한지를 논리적으로 설명한 것은 《대학》뿐이다.

《대학》은 《중용》과 더불어 《예기》의 한 편이었는데, 역시 송나라 때 와서 '사서'의 하나로 독립했다. 《대학》이 사서의 반열에 오른 것은 지금 말했듯이, 수기와 치인을 정합적으로 이어주었기 때문이다. 또한, 어떻게 해야 객관 사물을 치열하게 파고들 수 있을

지, 뜻을 정성스럽게 하려면 어떤 노력이 필요하고, 마음을 바르게 만드는 방법은 무엇인지 등 '수기'에 관해서도 단계적·구체적인 공부법을 제시했다. 하늘이 내게 준 이치를 깨닫고 그 깨달음으로 세상에 이바지해야 한다는 사명감이 가득한 선비들에게《대학》은 매력적일 수밖에 없었다.

더욱이《대학》은 기본적으로 왕을 위한 책이다. 수기치인을 보편적 인간의 과업으로 확장하기는 했지만, 누구보다도 자신의 본성을 깨우쳐서 사람들을 이끌어야 하는 존재는 왕이기 때문이다. 그래서 왕들은《대학》을 공부하는 데 열심이었고, 특히 영조는《대학》에 지대한 관심을 가졌다. 그는 직접 서문을 써서《대학》에 붙였는데, 이는 주희가 쓴〈대학장구서大學章句序〉를 제외하면 처음 있는 일이다.《대학》공부에 대한 영조의 자신감을 엿볼 수가 있다. 서문을 지을 정도라면 그 책의 내용을 장악하고 있어야 하니 말이다.

영조는 세손인 정조에게도《대학》공부에 힘쓰라고 강조했다. 1759년(영조 35) 윤6월에 당시 여덟 살의 정조를 원손으로 책봉하면서 강학 교재로《대학》을 지정해주는가 하면, 1762년(영조 38)에는 정조에게《대학》에 대해 설명하게 한 후, 상세한 질문을 던지기도 했다.《대학》에 나오는 "탕왕의 세숫대야에는 '진실로 날로 새로워지려거든 하루하루를 새롭게 하고, 또 새롭게 하라'라고 새겨져 있다"라는 구절을 인용하며 아래와 같이 경계하기도 했다.

할아비의 나이가 이제 일흔일곱이 되었다. 올해가 저물어가고 내 나이도 저물어가고 있으니, 당부의 말을 남기고자 한다면 지금 해 야지 다시 또 어느 때를 기다리겠느냐? 내가 비록 노쇠하였지만 너 에 대해서는 누구보다 잘 알고 있다. 깊고도 침착한 도량과 분수를 아는 명철함은 네가 이 할아비보다 낫다. 그러나 두려워해야 할 점 이 있으니, 성탕成湯(탕왕)의 성스러운 덕은 날로 새로워지고 또 새로워졌다는 것이다. 탕왕 같은 성인도 이와 같으실진대, 하물며 그 아래 경지에 있는 사람은 어떠해야 하겠느냐?[18]

정조도 이러한 할아버지 영조의 영향을 받아《대학》을 탐독했 다. 정조는《대학유의大學類義》라는 책을 편찬했는데, 이 책은 송 나라의 학자 진덕수陳德秀가 쓴《대학연의大學衍義》, 명나라의 학 자 구준丘濬이 쓴《대학연의보大學衍義補》중에서 중요하다고 생각 하는 것을 직접 추려서 편집한 것이다. 여기서《대학연의》란《대 학》의 해설 및 사례집이라 할 수 있다.《대학》의 내용을 '제왕이 정 치하는 순서', '제왕이 학문하는 근본', '격물치지의 요체', '성의정 심의 요체', '수신의 요체', '제가의 요체'라는 소제목으로 구분한 후, 이와 관련 있는 글과 이론들, 역사 속 통치 사례들을 정리했다. 《대학연의보》는《대학연의》에서 빠진 치국평천하에 관한 내용을 담았다.

조선의 왕들이 필독서로 읽은 것은 정확히 말하면《대학》이 아니라《대학연의》다. 태조는 경연에서 이《대학연의》를 가장 열심히 읽었고, 태종은《대학연의》의 서문을 병풍으로 만들어서 늘 곁에 두고 보았으며 좋은 글을 골라 궁궐 전각 벽에 다 적어놓게 하기도 했다.[19]《대학연의》를 애독한 세종은 이 책을 종친과 신하들에게 나누어주기도 했다.[20] 세종은《대학연의》의 내용을 기초로 인재를 선발하는 문제, 백성을 구휼하는 문제를 토론하고 구체적인 정책 실천으로 이어가는 모습을 보여준다.[21] 세종은 즉위 초기에 이미 "《대학연의》를 읽기는 다 읽었으나 또 읽겠다"라고 했는데,《대학연의》가《대학》을 실제 현실에 어떻게 적용할 수 있을지에 대해 상세한 사례를 곁들여 설명하고 있으니, 관심을 가질 수밖에 없었을 것이다.

왕이 곁에 두고 읽은 책, '사서삼경'

사서보다는 비중이 약해도 왕이 늘 곁에 놓고 공부했던 책들이 있다.《시경詩經》,《서경書經》,《역경易經》등 이른바 '삼경三經'이다. 이 역시 유학을 대표하는 경서로, 사서와 합쳐 흔히 '사서삼경'이라고 불린다.

먼저《시경》을 보자. 조선은 시詩의 나라다. 시인으로 불린 적이 없는 인물들도 문집의 상당수가 시로 채워져 있다. 퇴계 이황李滉

같은 학자나 김육金堉 같은 경세가는 물론이거니와 송시열宋時烈처럼 보수적이고 꼬장꼬장한 유학자도 수많은 시를 지었다. 자신의 정서를 표현하고 마음가짐을 가다듬는 목적도 있었고, 철학적 깨달음을 나타내는 수단으로도 쓰였다. 내용을 응축하고, 어울리는 어휘와 알맞은 표현을 찾아, 다른 사람의 마음을 움직일 수 있는 글을 쓰는 데는 '시'만 한 것도 없었을 것이다.

그래서 300여 편의 시가 실려 있는 경서,《시경》이 많이 읽혔다. 《조선왕조실록》에서 사서삼경을 각각 검색해보면《시경》의 횟수가 압도적이다. 그러나 막상 경연에서 직접《시경》을 강론한 경우는 얼마 되지 않는다. 아무래도 제왕학의 우선순위에서 밀렸을 것이다. 대신,《시경》은 주로 '인용문'으로 쓰였다.

요즘도 대통령이 연설하거나 메시지를 던질 때 종종 명언이나 격언, 시를 인용하는 모습을 볼 수 있다. 내용에 친숙함이나 권위를 부여하기 위해서, 문장을 아름답게 꾸미기 위해서 활용하는 방식이다. 대놓고 말하기 어려울 때 간접적으로 뜻을 드러내는 수법이기도 하다.《시경》도 비슷하다. 예를 들어보자.

황고皇考께서는 성인聖人이셨습니다.《시경》에 이르기를 '문왕文王의 덕은 순수하고 또한 그치지 않는다'라고 하였는데, 황고께서 이를 가지셨습니다. 아! 30여 년의 덕화는 높고도 넓으시어 백성이 오늘에 이르기까지 잊지 않고 있습니다.《시경》에 이르기를, '상천

上天의 일은 소리도 없고 냄새도 없다'라고 하였는데, 황고께서는 이를 가지셨습니다. 아! 만약 황고와 태모太母의 지극한 인仁과 큰 덕이 아니었다면 어찌 소자의 오늘이 있었겠습니까?[22]

내가 어린 나이로 비할 데 없이 힘들고 어려운 과업을 계승하매, 천재지변이 잇따르고 연초에는 또한 흰 무지개가 해를 꿰뚫는 이변이 일어났으니, 이는 내가 덕이 부족하여 위로는 하늘의 뜻을 받들지 못하고 아래로는 백성의 신망을 얻지 못한 까닭이다. 내가 밤낮으로 근심하여 음식을 대하면 목이 메고 잠자리에 들어도 잠들지 못하니 어찌해야 할 바를 모르겠다.《시경》에 '저 까마귀는 누구의 집에 앉을까?'라고 하였으니, 작금의 나라 형세가 바로 이러하다.[23]

첫 번째 글은 철종이 양아버지 순조의 능을 이장하며 바친 제문이다. 선왕의 덕을 직설적으로 찬양하기보다는 시경을 인용하여 간접적으로 예찬하고 있다. 두 번째는 숙종이 내린 비망기備忘記[24]의 일부다. "저 까마귀는 누구의 집에 내려앉을까?[瞻烏爰止, 于誰之屋]"라는 표현은 나라를 잃어 갈 곳 없는 백성의 슬픔을 노래한 것으로, 당시 상황의 엄중함을 비유적으로 나타내고 있다. 왕들은 이처럼《시경》에 나오는 시를 자주 인용하곤 했는데, 얼마나 자유자재로 할 수 있느냐가 왕의 지적 수준을 나타내는 척도로 여겨졌다.

다음으로 서경書經, 혹은 '상서尙書'라 불린 경서는 동양 정치사상의 원류로 평가받는다. 일종의 정치 문서 모음집이라고 말할 수 있는데, 왕과 신하의 대화, 왕의 훈유와 명령, 왕의 맹세, 신하의 건의 등이 포함되어 있다. 시대적 범주는 요순을 시작으로 하나라, 은나라, 주나라까지다. 내용이 도덕과 수양에 중점을 두고 있기는 하지만 어쨌든 주제가 정치이다 보니, 거의 모든 임금이 이 책을 탐독했고 강론했다. 선조 때 경연 석상에서 유희춘柳希春이 한 설명을 보자.[25]

> 《서경》의 이전二典과 삼모三謨[26]에서 요, 순, 우禹, 고요皐陶의 마음 가짐을 환히 볼 수가 있습니다. 요가 하늘을 공경하고 백성을 위한 일에 최선을 다하며 어진 이를 등용한 것, 순이 다섯 가지 가르침을 내리고 현명한 신하들에게 나랏일을 맡긴 것, 고요가 오륜五倫과 오례五禮의 질서를 확립하고, 덕이 있는 자를 높이고 죄진 자를 벌하게 한 것 등은 모두가 하늘의 이치로서, 그 법도는 똑같은 것입니다. 그리고 그 요점을 말하자면, 마음가짐을 공경하게 하고 중도로써 모든 일을 처리하는 것, 그뿐입니다.

《서경》은 고대의 성군과 명신들의 이야기를 담고 있는데, 그 요점은 중도中道, 어떻게 하면 지금, 이 순간 가장 적합한 도리를 찾느냐에 있다는 것이다. 이밖에도 왕에게는 《서경》 〈무일無逸〉 편이 강조되었다. 주나라의 섭정 주공周公이 조카 성왕成王에게 남긴 당부가 수록된 〈무일〉 편은 왕에게 필요한 기본자세를 강조한다. 제목인 '무일'은 안일함에 빠지지 말라는 뜻인데, 왕이 안일하지 않아야 백성의 고충을 알고 좋은 정치를 펼칠 수 있기 때문이다.

일찍이 고려 태조 왕건王建은 〈훈요십조訓要十條〉에서 이 〈무일〉 편을 강조한 바 있다. 조선 인종 때 재상 윤인경尹仁鏡도 "〈무일〉 편은 주공이 성왕을 경계한 것이니 후세의 제왕이 유의하여 봐야 합니다. 옮겨 써서 가까이에 걸어 두고 늘 봐야 할 것입니다"라고 했다.[27]

조선에서 정치의 기본원칙을 제시해주었던 것도 《서경》이다. 조선 정치사상의 핵심으로 불리는 '민본정치'는 《서경》〈하서夏書〉 편의 "백성은 나라의 근본이니, 근본이 튼튼해야 나라가 평안하다[民惟邦本, 本固邦寧]"라는 말에서 유래했다. 조선 사법의 기본원칙인 "죄가 의심스러우면 가벼운 쪽을 따라야 한다[罪疑惟輕]"도 《서경》〈대우모大禹謨〉 편에 나오는 말이다. 이와 관련하여 세종은 다음과 같이 말했다.

형벌로 다스림을 돕고 법률로 형벌을 결정하는 것은 고금의 떳떳한 법이다. 그런데 법률 조문으로 기재된 것에는 한도가 있지만, 사람이 저지르는 죄에는 한정이 없다. 형서刑書에 "법률에 바로 들어맞는 조목이 없으면 가까운 율을 인용하여 적용한다"라는 문구가 있다. 형벌이란 진실로 성현도 조심하는 바여서, 수위를 올리느냐 내리느냐에 아주 작은 착오도 없어야 한다. 한데 요즘 법을 맡은 관리가 형벌을 결정할 때는 대개 무거운 쪽으로 결정하니 내 심히 안타깝게 생각한다. 죄가 가벼운 듯도 하고 무거운 듯도 하여 의심스럽고, 실정이 이렇게도 저렇게도 할 수 있는 경우라면 가벼운 쪽을 따라야 한다. 설령 실정이 무겁더라도 아무쪼록 법에 알맞도록 하라. 《서경》에 "조심하고 조심하라. 형을 시행함에 조심하라"고 한 말을 내 항상 잊지 않고 있다.[28]

다음으로 《역경》은 '주周나라의 역易'이라는 뜻에서, 《주역周易》으로 잘 알려져 있다. 우주 만물의 운행 질서와 자연현상의 원리, 그에 따른 처세의 방법을 길흉화복吉凶禍福의 문제와 연관시켜 설명하는 책이다. 동양 점복占卜 문화의 근간이 되긴 하지만, 점서라기보다는 삶의 철학서라고 보는 것이 어울린다. 그래서 세조는 《역경》에 밝으면 "많은 서책을 섭렵하지 않더라도 스스로 밝아질 것이다"[29]라고 했다. 삶의 원리를 이해하고 세상의 흐름을 읽어낼 수 있을 테니 말이다.

그런데 《역경》이 64괘가 만들어내는 다양한 경우의 수와 수많은 이야기를 담고 있다 보니, 왕들은 자신의 주장을 뒷받침하는 논리로서 《역경》을 활용했다. 왕과 신하가 서로 다른 주역의 괘를 내세우며 논쟁하는 경우도 있었다. 예컨대, 영조는 경연에서 〈동인괘同人卦〉를 강론하면서 당쟁을 비판하고 탕평을 강화하는 근거로 활용했다. 이날 영조는 《주역》의 주석에 '소인은 자신과 친한 사람이 하는 일은 옳지 않아도 찬성하고, 싫어하는 사람이 하는 일은 옳은 것이라도 찬성하지 않는다'라고 한 것이 지금의 시대 상황에 적중하는 말이다"라고 했다.[30] 태종은 〈태괘泰卦〉를 자신의 정책을 관철하는 이유로 설명했으며[31], 숙종은 〈항괘恒卦〉에서 신하의 주장을 반박하는 논리를 가져왔다.[32] 각 괘의 의미가 무엇이고, 그것이 어떻게 해석되었는지는 이 글의 주제가 아니니 생략하겠지만, 《역경》 공부가 바탕이 되지 않았다면 이러한 모습은 불가능했을 것이다.

여담이지만, 《역경》을 가지고 점치는 일에 몰두했던 왕도 있었다. 경연에서 《역경》을 다룬 횟수는 선조 대가 압도적인데, 아마도 임진왜란이라는 특수한 상황 때문이었을 것이다. 이제껏 경험해보지 못한 참혹한 전쟁을 치르며, 앞날이 두렵고 궁금했을 터이다. 하지만 해야 할 일이 산더미와 같은 그때 왕이라는 사람이 점에 집착하고 있으니 신하들도 답답했던 것 같다. 당시 사간원이 올린 상소에는 "지금 전하께서 날마다 《주역》을 강론하시는 것을 보고, 어떤 사람은 적을 토벌하는 계책에 아무런 도움이 되지 않는다고 하여 그림에 떡에 비유하기까지 합니다"[33]라는 대목이 나온다.

마지막으로 살펴볼 것은, 《심경心經》이다. 1623년(인조 1), 저명한 학자이자 당시 도승지 겸 홍문관 제학으로 있던 이수광李睟光

은 경연 석상에서 이렇게 말했다.

제왕의 학문은 마음을 다스리는 것으로 근본을 삼아야 합니다. 현
재 강론하고 있는 《논어》와 《대학연의》가 좋은 책이기는 하지만,
그래도 《근사록》, 《심경》, 《성리대전性理大全》 등의 책보다는 못하
니, 학문이 뛰어난 신하에게 늘 물어보시는 것이 좋습니다. 신은
좋은 정치를 펼치고자 하는 전하의 마음이 혹시라도 처음에는 부
지런하다가 끝에 가서 게을러지는 결과를 면치 못할까 걱정됩니
다. 심학心學을 근본으로 삼는다면 필시 이런 걱정을 하지 않아도
될 것입니다.[34]

조선은 성리학 국가다. 그러니 성리학설과 성리학자의 저술을
집대성한 《성리대전》, 주희가 쓴 성리학 입문서 《근사록》을 강조
한 것은 당연한 일이었을 것이다. 하지만 왕이 이기심성론理氣心性
論이니, 사단四端이니 칠정七情이니 하는 형이상학까지 통달할 필
요는 없다. 일부 성리학자들은 왕이 그러한 철학적인 문제도 잘
이해해야 한다고 주장하긴 했지만, 그보다 왕에게 절실하게 강조
된 것은 심학心學, 즉 마음을 닦는 공부였다. 《성리대전》이나 《근
사록》을 읽더라도 왕은 주로 이 문제에 초점을 맞췄다. 남송의 학
자 진덕수陳德秀가 경전 속에서 마음공부에 관한 글들만 따로 모
아 만든 《심경》이 중시된 것도 같은 이유에서다.

성리학에 따르면, 인간은 하늘로부터 부여받은 순수하고 선한 본성과 함께 '허령虛靈·지각知覺'이라는 마음의 역량을 가지고 있다. '허령'이란 인간 마음의 본체로서, "텅 비고 맑아 어둡지 않은 것"[35]이다. 마음이 맑고 투명해야 한다는 뜻으로, 마음이 청명해지면 자신에게 내재한 하늘이 이치가 온전히 드러날 수 있고, 외부와도 막힘없이 소통할 수 있다. '지각'은 이와 같은 '허령한 마음'에서 일어나는 활동을 말한다.

본성이야 사람이나 다른 만물이나 똑같이 내려받은 것이기 때문에 차별성이 없지만, 사람만이 기질이 가려지는 것을 극복하고 본성을 회복하여 하늘의 이치를 구현할 수 있는 것은 인간의 마음에 '허령'과 '지각'이라는 능력이 있어서다. 낯선 용어라 다소 어렵게 느껴질 수 있는데, 이것 하나만 기억하면 된다. 인간의 마음이 하늘의 이치를 실천하는 주체이고, 이 과업을 수행하기 위해서는 허령한 지각을 제대로 작동시켜야 한다는 것 말이다.

그렇다면 어떻게 해야 마음의 허령한 본체를 확고부동하게 가꾸고, 올바른 지각이 이루어질 수 있도록 만들 수 있을까? 유학 경전의 가르침을 공부하고 의미를 깨우치는 이유도 바로 여기에 있지만, 머리로만 알고 내 마음이 바르지 못하면 아무런 소용이 없다. 내가 하늘이 준 본성을 회복하고 도덕을 구현해가야 한다는 것을 인식했더라도, 사사로운 욕망이 내 마음에 자리 잡고 있다면 과연 온전히 실천할 수 있겠는가? 그뿐 아니다. 치열한 노력도 뒤

따라야 하는데, 마음은 계속 갈고 닦지 않으면 언제 혼탁해질지, 언제 흔들릴지 모른다.

《심경》은 이 문제에 대한 고민의 결과다. 다음 장에서 본격적으로 살펴보겠지만, '공부론'이라는 별도의 연구 카테고리가 있을 정도로 공부법에 관한 다양한 논의가 전개된 배경이기도 하다.

2장	옛 기록에서 인간의 본질을 찾다
	_ 역사

좋은 통치를 위한 매뉴얼

우리는 왜 역사를 공부할까? 역사는 일종의 기출문제집이다. 시간과 공간이 달라져 현실의 양상이 같지 않다고 해도, 과학기술이 발달하여 과거에는 없었던 새로운 형질이 창출되었다고 해도, 인간의 본질은 예나 지금이나 다름이 없다. 공동체의 역할, 공동체와 개인의 관계, 세상의 흐름, 시대의 성쇠盛衰 같은 거시적인 문제만이 아니다. 인간의 감정, 성장과 시련, 타인과의 관계 맺기, 일의 성공과 실패와 같은 주제도 다르지 않다.

　이 수많은 사례가 일목요연하게 정리된 것이 '역사'다. 비록 내가 직접 경험한 것이 아니어도, 역사를 복기하고 역사 속 인물의 여정을 간접 체험해봄으로써 내 삶을 위한 도움을 받을 수 있을 것이다. 이럴 때 어떤 마음가짐이 필요한가, 이러한 상황에서 어떤 선택을 했는가, 그에 따라 결과가 어떻게 달라졌는지를 보고 배우는 것이다.

이와 같은 역사 공부는 왕에게 매우 중시되었다. 유학 경전을 통해 마음을 올바르게 가꾸고 가치판단의 기준을 확립할 수 있다지만, 왕으로서 역할과 책임을 다하기 위해서는 어딘가 부족하다. 경전은 한 인간으로서, 만백성을 다스리는 군주로서 가져야 할 마음가짐과 행동 원칙을 가르쳐주지만, 나랏일의 구체적인 방법이나 요령에 대해서는 다루지 않는다. 물론, 기본에 통달하면 응용도 잘할 수 있다. 그러나 통달할 때까지 모든 일에 손을 놓고 있을 수는 없지 않은가.

그래서 역사를 통해 배우는 것이다. 좋은 인재를 알아보는 법, 인재를 등용하고 육성하여 적재적소에 배치하는 법, 충신과 간신을 구별하는 방법 등이 실제 사례와 함께 기록되어 있기 때문이다. 외교 분쟁이 생겼을 때 해결하는 방법, 정책이 시의성을 잃었을 때 개혁하는 방법, 어떤 정책을 시행했을 때 생겨날 수 있는 문제점과 파생 효과에 대해서도 선행 사례를 중심으로 생생하게 공부할 수 있다. 경전이 통치의 방향을 제시해준다면, 역사는 그 길로 나아가기 위한 매뉴얼과도 같은 것이다.

왕들은 여러 역사책을 읽었다. 《사기史記》·《한서漢書》·《자치통

감資治通鑑》·《자치통감강목資治通鑑綱目》과 같은 중국 역사서와
《국조보감國朝寶鑑》·《고려사高麗史》·《동국통감東國通鑑》과 같은
우리 역사서까지. 이번 장에서는 왕들이 이러한 역사책을 어떻게
대했고, 그로부터 무엇을 배웠는지를 소개한다.

선왕이 남긴 모범,《국조보감》

유교 국가에서는 선왕이 만든 제도나 선왕의 가르침, 행적 등 '선
왕지제先王之制'를 매우 중요하게 생각한다. 왕위는 군사君師의 자
격이 충분한 사람이 계승한다는 유학의 이상에 따른 것이다. 성군
聖君이 밝히고 성군이 만든 것이니 더할 나위 없이 훌륭할 것이며,
따라서 그 뜻을 본받아 변함없이 계승해야 한다는 것이다.

이때 선왕이 정말로 성군이었느냐 아니냐는 중요하지 않다. 일
종의 선언적 규정과도 같은 것이다. 부모가 하신 일을 어기면 안
된다는 효孝 사상, 체제 질서의 안정적 계승을 바라는 현실적인 목
적도 담겨 있다.

이 '선왕지제'를 어디서 배울 것인가? 요순 임금과 같은 중국 성
군들의 일화는 유학 경전과 중국 역사서를 통해 접할 수 있다. 우
리나라 전前 왕조의 역사는《삼국사기三國史記》,《고려사》와 같은
책들을 통해 공부할 수 있을 것이다. 그렇다면 조선의 역사는? 아

버지와 할아버지, 증조할아버지가 다스렸던 시대의 일들, 그분들의 가르침과 행적은 어떻게 접할 수 있을까?《조선왕조실록》이 있으니 그것을 보면 되지 않겠냐고 생각할 것이다. 사관들이 왕의 말 한마디, 왕의 일거수일투족을 사초史草에 담았고, 이를 토대로 실록을 편찬했는데 무슨 걱정이냐고 말할 것이다. 하지만, 결론부터 말하면 왕은 실록을 볼 수 없었다. 조선 초기의 경세가 신개申槩의 말을 살펴보자.

옛날 당나라 태종이 방현령房玄齡에게 "앞 시대의 사관이 기록한 것을 군주가 보지 못하게 하는 것은 어째서인가?"라고 물으니, 방현령은 '사관은 허위로 미화하지 않고 악을 숨기지 않으니, 군주가 이를 본다면 필시 노여워하게 될 것이므로 감히 임금께 올리지 않는 것입니다'라고 답하였습니다. 삼가 생각하옵건대 창업한 군주는 자손들의 모범이 됩니다. 전하께서 당대의 역사를 살펴보시게 되면 뒤를 잇는 임금들은 반드시 이를 구실로 삼아 "부왕께서 하신 일이요, 창업 군주께서 하신 일"이라면서 이어가고 습관화하여 실록 보는 것을 일상적인 일로 만들어버릴 것입니다. 그리되면 역사를 기록하는 신하로서 누가 감히 직필直筆할 수 있겠나이까.
역사에 직필이 없어져서 아름다운 일과 나쁜 일을 보여주어 권장하고 경계하는 뜻이 어두워지게 된다면, 그 시대의 군주와 신하가 무엇을 꺼리고 두려워하여 자신을 수양하고 반성하겠나이까? (중략) 진정 전하께서 이를 한 번 보시고 난다면 후세 사람들은 장차 "그때 임금께서 친히 살펴보셨으니 사관이 어찌 사실대로 적었겠는가?"라 말하고야 말 것이니 전하의 성스러운 덕과 큰 업적이 도리어 거짓된 글로 여겨져 신뢰를 얻지 못할까 두렵습니다.[1]

1398년(태조 7) 태조는 고려 공민왕에서 공양왕까지의 실록과 자신이 즉위한 이후의 모든 사초를 가져오라고 지시했다. 당시에는 사관이 의무적으로 배석하는 규정이 만들어지기 전이었기 때문에, 임금과 신하가 독대하며 나눈 이야기는 파악할 방법이 없었다. 따라서 그 내용을 가장 잘 알고 있는 자신이 직접 알려주겠다는 명분이었다. 그러자 신개가 위와 같은 상소를 올린 것이다.

신개에 따르면 임금이 실록을 보면 안 되는 이유는 크게 세 가지다.

첫째, 기록하는 사람이 임금을 의식하게 된다. 최고 권력자이자 생살여탈권을 가진 임금이 본다는 것을 알고 있는 이상, 사관이 역사를 객관적으로 기록하기란 쉽지 않을 것이다. 임금에게 비판적이거나 불리한 내용이 있으면 자기검열이 작동할 가능성이 크다. 이는 임금뿐 아니라 다른 권력자에 대해서도 마찬가지다. 권력에 노출되었다는 것만으로도 역사의 미화와 변조가 일어날 수 있다.

둘째, 임금이 한 번 실록을 보게 되면 그것이 전례前例이자 전범典範이 된다. 특히, 건국자인 태조의 경우 행동 하나하나가 후대 임금들이 따라야 하는 '성헌成憲'으로 남는다. 만약 태조가 실록이나 사초를 읽는다면 다음 임금들도 이를 답습할 것이고, 자연히 왕이 역사에 개입하는 단서를 제공하게 된다는 것이다.

셋째, 훗날 사람들이 역사의 신뢰성에 의문을 가질 수 있다. '임금이 볼 수 있는데 과연 사실대로 적었겠는가?' 하고 생각한다는 것이다.

하지만 실록을 열람하려는 왕들의 시도는 끝나지 않았다. 세종이 "당대의 기록을 보는 것은 문제가 되겠지만 과거의 실록을 읽는 것은 괜찮지 않은가?"라고 물었다가, 어떤 이유든 임금이 실록을 열람할 수 있도록 허용한다면 훗날 이를 악용하는 군주가 나올 것이라는 반박을 받았다.[2] 신하를 통한 간접적인 열람 방식도 제약을 받았는데, 중종이 평안도 국경의 '자성慈城'을 철수하는 일 때문에 신하를 사고史庫로 보내 관련 실록 기록을 열람하려 했을 때도, "지금 실록을 보는 단서를 열어놓게 된다면 뒷날의 폐단이 그지없을 것"[3]이라는 반대가 나왔다. 역사가 왜곡될 가능성을 원천 차단하겠다는 뜻이었다.

그런데 의문이 생긴다. 보지도 못할 기록을 왜 그토록 심혈을 기울여 적어놓는단 말인가? 자신의 말과 행동, 판단과 결정이 낱낱이 기록으로 남겨지고 역사가 된다는 데서 오는 두려움이 오늘의 나를 바로잡는 데 도움이 되긴 하겠지만, 역사 공부의 효용을 말하면서 역사서를 읽지 못하게 하면 어쩌자는 것인가? 더구나 자기 왕조의 역사, 아버지와 할아버지 시대의 역사는 매우 유용하다. 이러한 문제가 생겼을 때 어떻게 대응했는지, 이 지역의 특징은 무엇이며, 이 지역의 자원을 어떤 식으로 관리했는지, 어떠한 의사결정 과정을 통해 이와 같은 정책이 만들어진 것인지 등 현재를 다스려 나아가는 데 필요한 내용이 고스란히 담겨 있다.

조선의 왕과 신하들도 이러한 문제를 인식하고 있었다. 그래서 대안으로 만든 책이 《국조보감》이다. 선왕이 행한 일 가운데 후대 왕들의 참고가 되고 모범으로 삼을 만한 일들을 정리한 《국조보감》은 세종의 지시로 준비되었으나, 처음으로 만들어진 것은 세조에 이르러서다. 세조는 신숙주, 강희맹 등에게 《국조보감》 편찬을 명하여[4] 태조·태종·세종·문종 등 네 왕의 보감을 완성했다. 이후, 숙종이 선조의 보감을, 영조가 숙종의 보감을 간행하였고, 정조가 정종·단종·세조·예종·성종·중종·인종·명종·인조·효종·현종·경종·영조의 보감을 완성하여 종묘 각 왕의 제실祭室에 봉안했다.[5] 정조에 이르러 폐위된 임금을 제외한 조선 모든 왕의 《국조보감》이 편찬된 것이다. 그 뒤로는 헌종이 정조와 순조, 익종[6]의 보감을 간행했고, 순종 때 헌종과 철종의 보감이 만들어져 오늘날까지 전해지고 있다.

이 《국조보감》은 "실록이 완성되고 세초洗草[7]하기 직전, 그 초본을 골라서 편집"[8]했는데, 때에 따라 《승정원일기》, 《비변사등록》,

《일성록日省錄》등 다른 기록을 참고하기도 했다. 한 임금의 치세를 핵심 위주로 정리한 요약서라 할 수 있다. 기록에 따르면, 성종·영조·순조·헌종이 야대夜對 등에서《국조보감》을 신하와 함께 공부했고, 중종은《국조보감》을 자주 인용하고 정사에 활용하는 모습을 보여주었다.

정치와 국가 경영의 참고자료,《자치통감》·《자치통감강목》

1435년(세종 17), 세종은 영의정 황희와 이런 대화를 나눴다.[9]

"우리가 가지고 있는 호삼성胡三省 음주音註본《자치통감》에 빠진 내용이 많다. 이번에 진하사進賀使[10]가 가는 김에 명나라 예부禮部에 자문咨文[11]을 보내어 한 질을 요청하면 어떻겠는가?"

황희가 말했다.

"서책을 재물에 견줄 것은 아니지만, 황제께서 새로 등극하셔서 축하하는 사절을 보내는 때에 무언가를 달라고 청하는 것은 어울리지 않는 일입니다. 다음에 성절사聖節使[12]가 갈 때를 기다려 주청하여도 늦지 않을 것입니다."

그러자 세종이 대답했다.

"경의 말이 옳다. 하지만 내가 이 책을 보고자 하는 마음이 지극히 간절하니, 그렇다면 이번에 가는 사신에게 이 책을 사오도록 하는 것은 어떻겠는가?"

명나라에 사신을 보내면서 종종 조선에서 구할 수 없는 책들을 하사해달라고 요청할 때가 있다. 반출 금지 서적이 아닌 이상, 명나라로서도 부담되는 일은 아니다. 하지만 새로 황제가 등극하여 축하하는 사신을 보내는데, 무언가를 달라고 요청하는 것은 모양새가 좋지 않다는 것이다. 세종은 이를 인정하면서도 책을 보고 싶은 마음이 간절하다며, 그렇다면 돈을 주고서라도 구매해오라고 말한다.[13] 도대체 《자치통감》이 어떤 책이기에 그런 지시를 했을까?

오늘날에도 '제왕학의 교범'으로 유명한 《자치통감》은 북송北宋시대의 학자이자 정치가 사마광司馬光이 편찬한 편년체 역사서다. 사마광은 황제가 정치할 때 참고할 수 있도록 전국시대戰國時代부터 오대십국五代十國시대까지 1,360여 년의 역사를 모두 294권에 담았다. 이 책은 객관적인 사실보다는 저자의 주제의식이 강하게 반영되어 있다. 내용 역시 왕조가 번영하고 쇠락하게 된 원인, 역사적 인물에 대한 포폄褒貶, 정치의 잘잘못, 대의명분에 대한 평가가 주를 이룬다. 이를 통해 오늘의 거울이자 교훈으로 삼으려는 '감계鑑誡'가 《자치통감》의 정신이라 할 수 있다.

더구나 조선의 유학자들이 숭상해마지않는 주희가 이 《자치통감》을 《춘추》의 편제에 따라 재구성한 《자치통감강목》[14]을 지으면서, 《자치통감》은 '사학史學의 근원'이라는 평가를 받았다.[15] 이황·

기대승奇大升·이이·이익李瀷·송시열宋時烈·송준길宋浚吉·윤증尹拯·정약용丁若鏞 등 조선의 유학자들이 시대와 이념을 막론하고 공통적으로 즐겨 읽은 책이기도 하다. 그러니 왕들도 자연히 이 책에 관심을 가졌을 것이다. 더욱이 책을 편찬한 목적 자체가 제왕이 좋은 정치를 펼칠 수 있도록 돕기 위함이니 말이다. 하여 조선의 모든 왕이 경연에서 《자치통감》과 《자치통감강목》을 읽었다. 가령 《현종실록》에 보면 "《통감》 강독을 아직 졸업하지 못하였으니 끝내지 않으면 안 될 것이다"라는 대목이 나온다.[16] 그뿐 아니다. 《자치통감》의 요약본인 《통감절요通鑑節要》, 《자치통감》 이후의 시대를 기록한 《통감속편通鑑續編》 등 연관 서적들도 조선시대 내내 중시되었다.

특히, 《자치통감》을 너무나 사랑한 왕은 앞서 소개한 세종이다. 그는 정책의 근거와 왕명의 정당성을 통감에서 찾았을 뿐 아니라, 중추원사 윤회尹淮 등에게 지시하여 《자치통감》의 해설서인 《통감훈의通鑑訓義》를 편찬케 했다.[17] 또한, "경전만 읽고 역사를 공부하지 않는다면 그 학문이 넓지 못할 것이다. 역사를 배우고자 한다면 《자치통감강목》만 한 책이 없다. 지난번에 통감에 대한 훈의를 지었으므로, 이제는 이 강목에 대해서도 주석과 해설을 달고자 한다"라며 《강목훈의綱目訓義》도 저술하게 했다.[18] 조선만의 역법曆法을 개발하는 과정이었던 것 같은데, 역학과 셈에 능숙한 관리 31명을 모아 《자치통감강목》에 실린 일식日蝕을 계산하게 했다는 기록

도 있다.[19] 이러한 세종의《자치통감》사랑을 자신의 정당성과 연관
짓고 싶어서였을까?《세조실록》총서總序에는 다소 뜬금없는 말이
나온다.

　　병진년(1436) 2월에 세종이 세조가 학문을 좋아한다고 하여 친히
　　《자치통감》을 내려주었다. 이때 세조가 고금의 경서와 역사를 섭
　　렵하였고 성리학에도 정통하였는데, 매번 "천하의 서적을 다 읽지
　　않고서는 나는 다시는 활을 잡지 않겠다"라고 다짐했다.

　세조가 정말《자치통감》을 열심히 공부했는지는 모르겠다. 통
감의 내용을 토론하거나 인용하는 모습은 찾아보기 힘들다. 그래
도 통감을 중시한 것은 분명한 듯하다. 세자에게 통감을 가르치게
했는가 하면[20], 세자에게 이런 질문도 했다.[21]

　"요즘 통감은 어느 시대의 것을 읽고 있느냐?"
　세자가 한나라 헌제獻帝 때라고 답하자, 세조가 묻기를, "한은 어째
서 망하였느냐?"라고 하니, 세자가 대답하였다.
　"참소와 아첨이 넘쳐흘렀고 위엄과 권세가 점차 신하에게 옮겨졌
습니다. 오늘의 편한 것만 알고 훗날의 위태로울 것을 생각하지 아
니하여, 나라의 기강의 무너진 탓입니다."
　세조가 말했다. "옳다. 처음 한나라가 세워졌을 때는 창업자가 여

러 신하와 더불어 한마음으로 협력하여 대업을 이루었다. 그러나 자손들이 점점 안일함에 빠지고 향락을 쫓으며, 신하들 역시 편안하기만을 추구했기 때문에 망한 것이다."

《자치통감》에 대해서는 구체적인 사례분석도 이루어졌다. 예컨 대 성종이 《자치통감》 중 당나라 '덕종기德宗記'를 읽다가 육지陸贄 라는 신하가 "이만영李萬榮을 절도사로 삼으시고 은혜로운 말씀이 가득한 조서를 내려 위로하소서"라고 건의한 대목을 지적하며, 육 지의 말이 타당한지를 물었다.

여기서 이만영은 나라에서 임명한 절도사를 내쫓고 스스로 절 도사가 된 인물이다. 원래대로라면 마땅히 붙잡아 엄중히 처벌해 야 하지만, 당시 조정에는 그럴 힘이 없었다. 그래서 성종의 질문 을 받은 영사 윤필상尹弼商은 "번진藩鎭이 발호하였을 때라 만약 형벌과 위엄으로 다스린다면 반란을 일으켜 나라를 위태로운 지 경으로 몰고 갔을 것입니다. 육지가 말한 것은 부득이해서였습니 다"라고 대답했다. 동지사 채수蔡壽도 "이만영의 죄를 공표하고 토 벌에 나선다 해도 승리한다는 보장이 없었습니다. 육지는 그와 같 은 상황을 인식하고 건의한 것입니다"라고 했다. 이에 반해 성종 을 비롯한 다른 신하들은 조정에서 대의를 꺾고 미봉책을 써서는 안 된다며 원칙을 지켜야 한다고 주장했다.[22] 위태로운 상황에서 원칙과 현실 중 무엇을 따라야 하는지를 토론한 것이다.

요컨대《자치통감》과《자치통감강목》에는 정치와 국가 경영에 참고할 수 있는 다양한 사례들이 담겨 있다. 요즘으로 말하면 '사례연구Case-Study'할 소재가 많다고 볼 수 있다. 왕은 이를 복기하고, 분석하고, 토론하면서 자신의 마음가짐을 바로잡고, 현재의 문제를 해결하는 실마리를 발견했다.

공자의 가치관이 담긴《춘추》

왕이《춘추》를 공부한 것은 무엇보다 공자가 직접 편찬한 책이어서다. 공자는 도덕과 예법, 대의명분을 기준으로 이에 맞는 용어와 표현을 골라《춘추》를 저술했다. '춘추필법春秋筆法'이라는 말이 나왔을 정도로《춘추》는 공자의 가치관과 역사관이 잘 반영된 저술로 꼽는다. 또 이런 이유도 있다.《춘추》의 시대적 범주는《논어》·《중용》·《대학》·《시경》·《서경》등 유학 경전과 겹쳐서 경전에 빠진 이야기, 경전의 맥락을 알 수 있게 해준다. 예를 들어,《논어》에서 공자가 관중을 높이 평가하지만, 관중이 구체적으로 어떤 업적을 이뤘는지는 나와 있지 않다. 공자가 제나라의 정치가 안영晏嬰과 정나라의 재상 자산子産을 극찬하지만, 그들이 펼친 정치가 구체적으로 어떠했는지는 알 수 없다. 그밖에도 경서에 등장하는 수많은 인물과 사건들, 여기에 얽힌 이야기가 수록된 것이 바로《춘추》다. 다른 경서를 잘 이해할 수 있게 도와주는 훌륭한 보조교재라고 할 수 있다.

《춘추》는 그 자체로 전해지지 않고, 주석과 해설을 추가한 형태로 읽혀왔다. 이른바 '춘추삼전春秋三傳'이라 불리는《춘추좌씨전春秋左氏傳》·《춘추곡량전春秋穀梁傳》·《춘추공양전春秋公羊傳》이 대표적인 주석서다. 그중에서도《춘추좌씨전》이 가장 유명한데,《좌전》, 혹은《춘추좌전》이라 불리는 이 책은 다른 두 책에 비하여 풍부한 내용을 담고 있다. 공자가 이 사건을 서술할 때 왜 이런 표현을 사용했는지, 이 인물에게는 왜 이런 단어를 붙여주었는지에 대한 설명도 상세하다. 그러다 보니 조선의 왕들은 대부분《춘추좌씨전》을 공부했고, 경연 교재로 쓰인 것도 이 책이었다.[23] 세종 때의 한 장면이다.

> 윤대를 행하고 경연에 나아갔다.《좌전》을 강독하다가 관중이 제나라 군주에게 "예禮로써 적을 불러 위로하고 덕德으로써 먼 지방까지 어루만져야 하니, 덕과 예에 변함이 없다면 군주를 사모하지 않는 사람이 없을 것입니다"라고 아뢴 구절을 보며, 임금이 탄식하였다. "공자께서 말씀하시길 '진나라 문공은 다른 이를 속이고 바르지 못했으며, 제나라 환공은 바르고 다른 이를 속이지 않았다'라고 하였는데, 내가 두 임금의 행적을 상고해보니, 환공이 천하를 바로잡고 제후를 규합하여 제후의 우두머리가 될 수 있었던 것은 오로지

한 사람의 어진 재상, 관중이 있어 그를 잘 보필하였기 때문이다. 문공의 신하 중에는 관중과 같은 이가 한 사람도 없었는데, 천하의 우두머리가 되어 환공보다도 오래갔으니, 만약 문공이 관중을 얻었더라면 그가 세운 공적이 어찌 환공에 그쳤겠는가?"

공자의 말을 《춘추좌전》에서 확인하고, 현재의 교훈을 얻는 식의 공부가 이루어졌음을 알 수 있다. 세종 외에도 문종이 여러 번 《춘추좌전》을 완독했다고 밝혔고, 성종·중종·선조·영조 등이 경연에서 《춘추좌전》을 읽었다. 정조는 이 책에 대한 상당한 지식을 과시했는데, 과거시험 문제로 출제한 후 유생들의 답이 모두 핵심에서 벗어났다며, "요즘 사람들이 《춘추좌전》을 이렇게까지 모른다는 것을 더욱 절감하게 되었다"라고 통탄하기도 했다.[24] 그런데 유학자들의 눈에는 탐탁지 않았나 보다. 선조 때의 학자 유희춘柳希春은 이렇게 말했다.

지금 전하께서 《좌전》을 읽고 계시는데, 《좌전》의 글이 비록 본받을 만한 말이 많기는 하지만, 주로 성공과 실패, 화복禍福에 대해 초점을 맞추고 있어 시비가 바르지 않으니 치도治道를 밝히기에는 부족합니다. 오직 주자가 편수한 강목綱目만이 참으로 역사서 중의 경전이라 할 수 있으니, 임금으로서 이 글에 밝으면 치란의 근원을 살펴 변화에 대응하는 방편으로 삼을 수 있을 것입니다.[25]

《춘추》가 공자가 지은 책이고,《춘추좌전》이 이 책을 주석한 것이라 하더라도, 성공했는지 실패했는지, 복이 될지 화가 될지를 논의하는 역사서의 한계 속에 있다 보니, 정치의 올바른 도리를 배우기에는 모자라다. 따라서 이 책보다는 주자의 사상이 담겨 있는《자치통감강목》을 공부하라는 것이다. 유학자들이 역사보다 경전을 강조하는 것과 같은 맥락이다.

이밖에《춘추공양전》도 왕들에 의해 간혹 소환되었는데, 대부분 '장공莊公 32년' 조의 "임금과 어버이에 대해서는 장將이 있어서는 안 된다. '장이 있으면 반드시 주살한다[君親無將 將而必誅]'"라는 대목을 언급하기 위해서다. 여기서 '장將'이란 반역하는 마음을 품은 것을 말한다. 반역을 행동으로 옮기지 않았더라도, 임금이나 어버이를 거역하고 범하려는 마음을 갖는 것 자체도 안 된다는 뜻이다. 태종이 공신인 이거이李居易, 이저李佇 부자를 축출할 때[26], 처남인 민무질閔無疾과 민무휼閔無恤 형제를 죽일 때[27], 경종이 노론을 숙청할 때[28], 정조가 불충하는 신하들을 꾸짖을 때[29] 모두 이 대목이 인용되었다.

역사를 공부하기 위한 책,《고려사》·《치평요람》·《동국통감》

1425년(세종 7), 세종은 대제학 변계량卞季良을 비롯한 집현전의 고위직 신하들을 불러들였다. 그러고는 "내가 집현전 선비들에게 역사서를 나누어주어 공부하게 하려고 한다"라는 뜻을 밝혔다. 윤회가 "옳지 않습니다. 무릇 경전 공부가 우선이고 사학은 그다음입니다"라고 반대하자, 세종이 말했다.

> 내가 경연에서 《좌전》, 《사기》[30], 《한서》[31], 《강목》, 《송감宋鑑》[32]에 기록된 옛일에 관하여 물으니, 다 모른다고 답하였다. 한 사람보고 읽으라면 고루 다 볼 수 없을 것이 분명하니 여러 사람에게 나누어주겠다는 것이다. 지금의 선비들은 말로는 경학을 한다고 하나, 이치를 궁구하고 마음을 바르게 한 사람이 있다는 말을 듣지 못하였다.[33]

신하들에게 역사에 관한 질문을 던져보았는데 답변한 사람이 하나도 없었다는 내용이다. 매번 경학이 우선이라는 핑계를 대고 있지만, 경전을 제대로 공부하여 실천한 사람도 본 적이 없다. 그러니 쓸데없는 말하지 말고 역사서도 읽게 하라는 지시다. 세종이 신하들에게 내린 명령에서 언급된 것이긴 하지만, 세종은 자신이 말한 역사서를 모두 읽었음을 보여준다.

역사 공부에 대한 세종의 관심은 역사서 편찬으로도 이어졌다. 그는 정도전鄭道傳의 책임 아래 완성된 《고려국사高麗國史》가 저자의 주관이 많이 개입되어 공정하지 않다며 개수改修 작업을 지시했다. 세종은 만족스러운 역사서가 나올 때까지 거듭 수정을 명령했고, 그 결과 1451년(문종 1) 8월에 1,008명의 열전을 포함한 139권의 《고려사》가 탄생했다. 5개월 후에는 연대순으로 재편한 《고려사절요高麗史節要》도 간행되었는데, 이 역시 세종의 지시에 의한 것이었다.

이 《고려사》는 고려의 역사를 정리한다는 의미 외에도, 《국조보감》과 마찬가지로 왕의 통치를 돕는 참고자료 역할을 했다. 실록을 볼 수 없는 대신 읽을 수 있도록 만든 것이다. 직전 왕조의 이야기이니, 통치술의 차원에서든 정책적 차원에서든 왕에게 도움되는 부분이 많았을 것이다. 중종 때의 한 장면이다.

> 야대에서 《고려사》를 강독하였다. 검토관 조광조趙光祖가 아뢰기를, "이규보李奎報는 문장에 뛰어나기는 하나 최충헌崔忠獻에게 빌붙었습니다. 최충헌이 권력을 마음대로 휘둘러 국가의 운명이 위태로운 상황이었는데도 이규보가 이를 지적하기는커녕 충헌을 붙좇기에 여념이 없었으니, 그 사람됨을 알 만합니다. 이로써 당시 선비들의 기상이 매우 퇴락해 있었음을 알 수가 있습니다." (중략)
> 시독관 유관柳灌이 아뢰기를, "옛사람이 말하기를 '옛 역사를 읽을 때는 자신이 그 처지에 있다고 가정하고 옳고 그름, 그릇됨과 올바름을 분명히 확인해야 한다'라고 하였는데, 이는 임금께 더욱 절실한 것입니다. 만약에 임금의 마음공부가 밝지 못하면 왜 어떤 때는 잘 다스려지고 어떤 때는 어지러워졌는지, 왜 이 시기는 흥하고 저

시기는 망했는지, 그 이유를 환히 알 수가 없습니다."[34]

이규보의 문장이 훌륭하다며 높게 평가하는 사람들이 있지만, 이렇게 역사를 확인해보니 그는 선비로서 절개를 지키지 못하고 권력에 야합했다. 따라서 하나의 재능만 가지고 사람을 판단하지 말라는 것이다. 이규보와 같은 재주 많은 사람이 잘못 쓰인 것은 다 선비의 기상이 쇠퇴했기 때문이니, 선비의 기상을 배양하도록 노력해야 한다는 교훈도 얻을 수 있다.

이밖에도 세종은 《치평요람治平要覽》을 편찬하도록 했다. '치국평천하治國平天下'에 도움이 되는 요람要覽이라는 뜻이다. 세종이 내린 하교를 보자.

무릇 좋은 정치를 펼치려면 반드시 앞 시대의 잘 다스려지거나 어지러웠던 자취를 보아야 한다. 그 자취를 보려면 오직 역사의 기록을 헤아려야 할 것인데, 주周나라 이래 대대로 역사서가 있으나 그 분량이 방대하여 두루 쉽게 상고할 수가 없다. 내가 근래에 송나라 유학자가 편찬한 《자경편自警編》[35]을 보니, 아름다운 말과 선한 행동들을 절節로 나누고 종류에 따라 편찬하여 요점을 간략히 정리하는 데 힘썼으니, 사람들이 쉽고 편하게 볼 수 있도록 했음을 알 수 있다. 무릇 사람이 학문함에, 수많은 책을 널리 다 읽기란 어렵다. 하물며 온갖 정무를 봐야 하는 임금은 어떻겠는가? 부디, 경이 역사서들을 상고하여 열람하여 본받을 만한 것, 경계로 삼을 만한 것을 뽑아서 하나의 서적으로 만들라. 읽고 살피기 편하게 제작하여 후대의 영원한 거울이 되게 하라. 또한, 우리 동방도 건국한 지 오래되었으니 그 흥하고 쇠락하게 된 원인, 존속하고 멸망한 이유를 배우지 않을 수 없을 것이다. 함께 편입시키되 번다하거나 간략하게 하지 말라.[36]

임금이 역사를 아는 것은 매우 중요하다. 하지만 시대 범위가 너무 넓고, 역사서도 방대하다. 그러니 핵심 위주로 읽고 교훈으로 삼을 수 있도록 요약서를 만들어달라는 것이다. 세종은 중국은 고대 주나라부터 원나라까지, 우리나라는 기자조선부터 고려까지의 역사를 종합하게 했다. 이후, 《치평요람》은 왕들에게 계속 읽혀왔는데, 왕실 보관본은 전쟁으로 인해 소실된 것으로 보인다.

1629년(인조 7) 7월 14일의 실록 기사를 보면 궁중의 《치평요람》이 완질이 아니므로, 지금 새로 인쇄할 형편은 못 되니 빠진 부분은 정서한 필사본으로 채워넣자는 논의가 있었다. 퇴계 이황의 집안에서 기증한 책이 있는데 절반도 남아 있지 않다는 것이다. 하지만 이마저도 또 사라져서, 효종이 "내가 읽고 싶은데 혹 《치평요람》전질을 간직하고 있는 사람이 있는가?"라고 물어볼 정도였다.[37]

사정은 영조 때도 마찬가지여서 영조는 "《치평요람》은 예전에 우리 세종께서 엮으신 것인데 이제 다 흩어져 없어졌으니, 널리 안팎을 수소문해 구하도록 하라"고 명한다.[38] 그러나 안타깝게도 《치평요람》의 완질본은 영원히 사라져버렸다. 총 150책 중 현재 우리나라에는 72책만 남아 있고, 일본에 147책이 전해지고 있다.

마지막으로 살펴볼 책은 《동국통감》이다. 《고려사》나 《삼국사기》와 같은 개별 왕조에 대한 역사서가 존재하고, 《치평요람》처럼 통치에 도움이 되는 사료를 정리한 책이 있긴 하지만, 우리 역사를 모두 정리한 통사가 없었다. 《동국통감》은 그와 같은 문제의식에서 편찬된 것으로 단군조선부터 고려까지의 역사를 편년체로 정리했다. 이름에서 볼 수 있듯이 이 책은 조선판 《자치통감》을 만들겠다는 목표를 가지고 있었는데, 1484년(성종 15)에 이르러서야 완성되었다.

그런데 이 책에 대해 유학자들은 부정적이었다. 선조가 경연에서 《동국통감》을 읽고 싶다는 뜻을 밝히자, 홍문관에서는 "《동국통감》은 단군 이하부터 황망하다"라며 반대했다.[39] 단군 등 역사로 입증되지 않은 신화 이야기가 수록되어 있으니 임금이 읽을 만한 책이 못 된다는 주장이다. 《동국통감》은 '민족사'에 대한 인식이 강화되는 18세기부터 다시 경연에 등장했는데, 예컨대 숙종은 소대에서 《동국통감》에 기록된 고구려의 안시성 전투를 강론하며 "고구려는 성을 잘 지켜 수나라, 당나라의 백만 대군을 막았다. 한데 우리는 지난 병자년의 난리에 오랑캐 군대가 무인지경같이 밀려 들어와 그와 같은 치욕을 당했다. 이 일을 생각하면 너무나 마

음이 아프다"라고 했다.[40]

이처럼 왕이 중국과 우리나라의 역사서를 공부하고, 새로운 역사서를 편찬했던 이유는 앞에서 말했듯 역사가 기출문제집이기 때문이다. 우리가 시험공부를 할 때 기출문제를 푸는 이유는 똑같은 문제가 나와서가 아니다. 겉으로 드러난 양상은 다르지만, 근본원리가 같은 문제, 전혀 새로운 것 같지만 기초공식을 알고 있으면 해결할 수 있는 문제가 나오기 때문이다.

역사도 마찬가지다. 어떤 왕도 과거와 똑같은 상황을 마주하지 않는다. 어떤 미래가 펼쳐질지는 아무도 모른다. 그러나 사람과 사람, 사람과 공동체 사이에 적용되는 근본원리는 같다. 그러니 경전을 통해 그 원리를 익히고, 역사를 통해 풀이 연습을 하여 응용력을 키우는 것이다. 더구나 전통사회의 역사는 사실상 왕들의 역사다. 왕이 어떤 자세로 정치에 임해야 하는지, 왕에게 필요한 통치 기술은 무엇인지, 어떻게 인재를 등용하고 구성원들을 이끌어갈 것인지, 선배들의 사례만큼 유용한 것은 또 없지 않을까?

3장

실전에서 쓸 수 있는 지식을 얻다
_ 기타 공부

현실을 파악하기 위한 소양

'주경익사主經翼史(경전에 역사라는 날개를 달아라).' 왕들이 공부한 내용을 한마디로 표현하면 이렇게 정리할 수 있다. 왕들은 유학 경전을 통해 성현의 가르침을 공부하고 내면의 역량을 키운다. 그리고 역사를 통해 실제 사례를 복기하고 실천하는 방법을 배운다.

그런데 경전과 역사가 왕에게 필요한 배움을 모두 충족시켜줄 수는 없다. 임금이 국정의 모든 업무를 속속들이 알고 있을 것까지야 없지만, 어느 정도의 소양은 요구된다. 정책이 옳은지 그른지, 정책의 우선순위를 어디에 두어야 할지, 정책이 공동체에 미치는 영향이 무엇인지를 헤아릴 정도의 기본 지식이 필요하다. 그래서 왕이 실용 학문을 공부한 것이다.

더구나 왕은 무조건 도덕적일 수만 없다. 정치는 선과 악이 혼재한다. 공동체의 이익을 위해 비도덕적인 방법을 선택해야 할 때가 있고, 권력투쟁을 벌여야 할 때도 있다. 이럴 때, 나는 성현의 가르침을 따라야 한다며 이상만 고집하고 있을 것인가? 왕이 현실적이지 못하면, 고매한 인격자였으나 비극적으로 최후를 맞이한 양나라 무제武帝 꼴이 날지도 모른다. 그러니 정치의 '도道'뿐만 아니라 '술術'도 공부해야 한다. 직접 모략과 술수를 부리지 않더라도 상대의 권모술수에 당하지 않을 힘이 필요하기 때문이다.

당 태종의 정치를 기록한 책,《정관정요》

당나라의 제2대 황제 태종太宗은 유학자들에게 논란의 대상이다. 그는 중국 역사를 대표하는 명군으로 꼽힐 정도로 많은 업적을 남겼지만, 황위를 차지하기 위해 친형과 친동생을 죽이고 아버지를 끌어내렸기 때문이다.

이를 두고 주희는 "태종의 마음은 어느 하나도 사사로운 욕망에서 나오지 않은 것이 없습니다. 그가 이룩한 업적만 가지고 하늘의 이치를 구현했다고 평가하는 것은, 결과만을 가지고 옳은지 그른지를 논하는 것입니다. 정도正道에서 벗어난 교활한 사냥술을 사용했으면서 부끄러워하지 않는다면, 아무리 새를 많이 잡았다고 한들 좋은 사냥꾼이겠습니까?"라고 했다. 주희가 보기에 태종은 동기가 사악하고 그 과정에서 수단과 방법을 가리지 않았다. 이런 사람이 좋은 정치를 펼칠 수 있겠냐는 말이다. 설령 성공했다고 해도 '아주 우연히' 그렇게 된 것으로, 이를 정당화해서는 안 된다. 태종을 높이 평가하게 되면, 사람들은 결과만 좋으면 된다며 과정쯤은 신경 쓰지 않게 될 것이다.

이러한 주희의 주장에 대해 진량陳亮은 큰 성과를 올렸다면 그 자체만으로 훌륭하다며 반박했다. 태종이 난세를 평정하고 국가를 번영시켰으니 좋은 군주라는 것이다. 하지만 이것은 극히 일부의 견해였고 유학자들은 대부분 주희와 같은 입장이었다. 주희의 학문을 신봉한 조선 유학자들은 더 말할 필요도 없을 것이다. 이들은 당 태종을 상당히 부정적으로 평가했다.

그런데 의아한 것은 당 태종의 정치를 기록한 책인 《정관정요貞觀政要》[1]가 조선에서 꾸준히 읽혔다는 것이다. 태조·성종·정조가 경연과 소대에서 《정관정요》를 강독하게 했고, 세조는 직접 주석서를 편찬하기도 했다. 특히, 이 책을 탐독한 것은 영조였는데 자신이 직접 지은 서문을 덧붙여 간행하도록 했는가 하면[2], 세자에게 "《정관정요》는 당나라 태종이 고종을 가르친 것이니, 너는 모름지기 마음을 다해 열심히 읽어야 한다"라고 당부하기도 했다.[3]

이런 일도 있었다. 정언 이종영李宗榮이 영조가 신하들을 너무

자주 교체한다며 비판하는 상소를 올렸다.⁴ 영조는 화를 내며 이종영을 문책했는데, 같은 날《정관정요》를 낭독하게 했다가⁵ 〈납간〉 편에 이르자 탄식했다. "당 태종은 이처럼 간언을 받아들이는 모습을 보여주었는데, 내가 어찌 간언을 올린 신하를 책망하겠는가?"라며 이종영에 대한 조치를 철회한다. 그리고 대신들에게 "이종영에게 내린 처분을《정관정요》를 보고 고쳤으니, 독서의 효험이 이런 것임을 비로소 깨달았다"라고 했다.

유학자들이 당 태종을 탐탁지 않게 생각했음에도 왕이《정관정요》를 읽는 것을 막지 않은 까닭이 바로 여기에 있다.《정관정요》의 주인공은 당 태종이지만 그에 못지않은 주연급 조연이 위징魏徵이다. 위징은 '극간極諫', 즉, 목숨을 건 간언을 상징한다.《정관정요》의 상당 부분을 이 위징이 올린 간언이 차지하고 있는데, 그의 비판이 얼마나 집요하고 날카로웠던지 당 태종이 "이 늙은이를 죽여버리겠다"라며 분노한 적도 있었다고 한다.

아무튼, 태종은 아무리 듣기 싫은 간언도 수용하고 자신의 잘못을 적극적으로 고치는 모습을 보여주었다. 간언을 받아들이는 '납간納諫'은 유학자들이 생각하는 왕의 필수 조건이다. 따라서《정관정요》를 통해 납간의 자세를 배우는 것은 긍정적이라고 판단한 것이다.

한데 의문이다. 왕들이 오로지 당 태종의 '납간'을 배우려고《정관정요》를 읽었을까? 숙종이 "태종은 신하가 간언을 올리면 어김

없이 따랐고, 과실을 지적하면 반드시 고침으로써 유종의 미를 거둘 수 있었다. 그 내용을 《정관정요》에서 찾아볼 수 있으니, 내가 이 책에 대해 무한한 애착을 느끼는 것이다"[6]라고 말하긴 했다. 물론, 왕들에게 이 문제가 중요하긴 하다. 수준이 아주 낮지 않은 이상, 왕이라면 누구나 간언이 필요하고 자신에게 도움이 된다는 것을 안다.

올바른 선택을 하기 위해서, 잘못을 바로잡고 실수를 예방하기 위해서, 신하들의 의견을 가감 없이 경청해야 한다. 하지만 몸에 좋은 약일수록 맛이 쓰듯, 나에게 필요한 말일수록 듣기 거북한 법이다. 나의 결정을 보는 앞에서 반박하고, 나의 문제점을 신랄하게 지적하는데, 기꺼이 받아들일 수 있는 사람이 얼마나 되겠는가? 따라서 과거의 역사에서 배우는 것이다. 당 태종은 대체 이런 말들을 어떻게 수용할 수 있었을까? 어떻게 참고 받아들여서 자신에게 도움이 되도록 만들었을까? 다만, 정말 이런 모범생 같은 이유로 당 태종을 참고하지만은 않았을 것이다.

당 태종은 내치와 외치에서 모두 수많은 업적을 세워 자신의 실력을 증명한 군주다. 권모술수에 능숙했고 용인술에도 탁월한 역량을 보여주었다. 즉위하는 과정에서 도덕적으로 큰 흠결이 있긴 했지만, 군주로서 이룩한 성과는 여느 군주들을 압도한다. 그러니 조선의 왕들 역시 《정관정요》를 통해 당 태종의 통치술, 정치술을 배우고자 했을 것이다.

이와 관련하여 성종의 일화가 전한다.

> 야대에서 《정관정요》를 강하다가 '장손순덕長孫順德이 남이 준 명
> 주를 받았다가 일이 발각되자, 태종이 다시 명주를 장손순덕에게
> 하사하였다'라는 대목에 이르렀다. 임금이 그 까닭을 물었다. 도승
> 지 김승경金升卿과 시강관 이우보李祐甫가 대답하기를 "이것은 권
> 모술수이지 사람들에게 보여줄 정도正道가 못 됩니다."[7]

장손순덕은 뇌물을 받는 죄를 저질렀다. 한데 태종이 이를 불문
에 부쳤을 뿐 아니라, 그 명주를 압수하지 않고 장손순덕에게 내
려주었다. 황제가 공식적으로 하사했으니 떳떳하게 가져도 되는
것이다. 엄한 처벌을 받았어도 할 말이 없을 터인데 재물까지 받
았으니, 장손순덕은 황제의 은혜에 감동하고 다시금 충성을 다짐
했을 것이다. 당 태종의 용인술을 보여주는 사례다.

성종은 이 부분에 관심을 가졌는데 곧바로 신하들로부터 "권모
술수이니 따라서는 안 된다"라는 지적을 받았다. 이는 왕의 관심
사가 비단 납간에만 두어졌던 것이 아님을 보여준다.

나라를 지키기 위한 방법, 병법

1450년(문종 즉위) 11월 23일, 왕은 이렇게 말했다.

"경연에서 육전六典[8]을 읽자는 의견이 있는데 반드시 그럴 필요는 없다고 생각한다. 대신 병서兵書를 공부하면 어떻겠는가? 병서 중에는 그 의미를 알기 어려운 문장이 많으니, 만약 경연에서 강론하고 연구한다면 충분히 해석해낼 수 있을 것이다."

그러자 신하들이 반대했다.

"병서는 성현聖賢의 글이 아니므로 적당하지 않습니다."

"병서가 비록 불경이나 도가道家의 책에 비할 바는 아니더라도 기묘한 꾀나 비밀스러운 계책을 담고 있습니다. 경연에서 다룰 수는 없습니다."

결국, 왕은 자신의 뜻을 접어야 했다.

'병兵'서는 말 그대로 병사와 무기, 전쟁, 전략 전술에 관한 책이다. 《손자병법孫子兵法》과 같은 병법서뿐 아니라, 《무예도보통지武藝圖譜通志》 등의 훈련 교범도 병서에 속한다. 조선에서는 이른바 '무경칠서武經七書'[9]라 불린 병서가 중시되었는데, 《손자孫子》·《오자吳子》·《사마법司馬法》·《위료자尉繚子》·《이위공문대李衛公問對》·《육도六韜》·《삼략三略》 등 7권을 가리킨다. 조선이 모범으로 삼았던 송나라에서 이 책들을 '무학武學'으로 지정했기 때문에, 조선에서도 무과시험 과목으로 선정하는 등 높게 평가했다.

하지만 임금의 경연 교재가 되는 것은 차원이 다른 문제다. 경연은 성현의 말씀을 배우고 역사의 교훈을 거울로 삼아 제왕으로서 역량을 키워가는 자리다. 한데 병서는, 물론 나라에 꼭 필요한 것이기는 하지만, 승리를 위해 수단과 방법을 가리지 않는 내용이 담겨 있다. 함정을 파고, 첩자를 보내고, 적을 속이는 계략이 빈번하게 등장한다. 바른 마음으로 공명정대한 정치를 펼쳐야 하는 임금이 관심을 가질 바가 못 된다는 것이다.

그렇다면 임금은 병서를 공부하지 않았을까? 당연히 아니다. 문무文武를 겸비해야 한다는 말을 굳이 끄집어내지 않더라도, '병'은 나라의 핵심 업무다. 외적으로부터 국가를 방어하고, 백성의 안전을 확보하는 중대한 과업을 전적으로 신하에게 맡겨놓을 수는 없다. 최소한 무엇이 옳고 그른지는 판단할 수 있어야 최고결정권자로서 역할을 수행할 수 있다. 그래서 많은 왕들이 열심히 병서를 읽었고 과외를 받았다. 그리고 전문가의 강의를 듣고 임금과 신하가 모여 토론하는 자리를 가졌다. 세종이 진법 훈련을 참관하다가 잘못된 부분을 즉각 지적한 일[10], 세조가 직접 〈병장설兵將說〉을 지은 일[11] 등은 왕들의 소양이 보통이 아니었음을 보여준다.

선조의 경우, 임진왜란 초기 명나라 사신 심유경沈惟敬으로부터 "귀국은 예의의 나라인지라 병법을 모르기 때문에 이와 같은 주장을 하는 것입니다. 용병의 도는 경솔해서는 안 됩니다"[12]라는 면박을 받은 적이 있다. 그래서 절치부심한 것일까? 선조는 명나라에서 가장 인기가 있던 척계광戚繼光의 책을 읽는 등 병서를 공부했다. 이후, 병법을 거론하며 군사적 식견을 피력하는 모습을 보여준다.[13]

그런데 임금이 병서를 읽는 것은 꼭 군사와 관련 있는 일 때문만이 아니다. 세조가 이런 말을 했다.

"병법의 핵심은 임기응변臨機應變으로 승리하는 것일 따름이다."[14]

전쟁은 극도의 불확실성 속에서 전개되고, 수많은 변수가 얽혀 있다. 병법이 이러한 불확실성을 극복하고 승리하는 구체적인 방법을 알려주지는 못한다. 모든 전쟁터마다 환경이 다르고 변수가 다른데, 그대로 적용할 수 있는 비책이란 존재하지 않을 것이다. 다만, 전쟁에 임하는 마음가짐을 설명하고, 불확실성과 변수를 효과적으로 활용하는 방법을 가르쳐준다.

이것을 응용하여 왕은 실제 전장에서 임기응변해야 한다. 이는 전쟁뿐 아니라 나랏일에도 필요하다. 정치의 현장 역시 수많은 변수가 존재하기 때문에, 어느 하나를 고집하지 말고 창조적으로 변칙을 발휘할 수 있어야 한다. 또한 어떠한 변화가 찾아오더라도 능동적으로 대응할 수 있는 역량을 갖추어야 한다. 때로는 권모술수와 책략이 필요하기도 하다. 이 기술을 어디서 배울 수 있겠는가. 이럴 때 왕에게 병서만큼 좋은 교과서도 없었을 것이다.

효율적인 외교를 위한 중국어 공부

높은 사람이 되기 전에는 영어 공부를 열심히 하고, 높은 사람이 된 후에는 영어를 잘하는 사람을 채용하라는 말이 있다. 어느 분야든 성공하기 위해서는 어학 실력이 매우 중요하다. 그러나 어느 정도 위치에 오른 뒤에는 다른 중요한 일도 많으므로, 어학에 시간을 투자하기보다는 실력이 좋은 사람을 부하로 두고 활용하라는 뜻이다. 그것이 더 효율적일 테니까.

그런데 세종의 생각은 달랐던 것 같다. 그는 중국어로 된 책을 번역해 인쇄하게 하고 중국어 실력이 뛰어난 관리들이 이를 낭독하게 했다. 그것을 들으며 중국어를 익혔다고 한다. 성종도 틈틈이 중국어를 배웠는데 어떤 신하가 "한어漢語(중국어)는 하나의 기예에 불과합니다. 정무를 보시는 데 지장을 줄까 우려됩니다"라고 하자, 성종은 "내가 중국어를 배운 지 오래되었으나 전혀 지장이 없다"라며 일축했다.[15] 다음날 대간을 불러 내가 중국어를 공부하는 것이 잘못이냐고 물었을 정도로 성종은 어학 공부에 깊은 열의를 보였다.

웬만큼 높은 사람도 아니고 나라 안에서 가장 높은 지위에 있던 세종과 성종은 왜 중국어를 공부한 것일까? 능력이 뛰어난 전문역관譯官(통역관)들이 전담 통역을 해줄 텐데, 더구나 한문에는 이미 통달했을 테니 읽기, 쓰기에는 문제가 없을 것이 아닌가? 왜 군이 어려운 중국어를 공부하겠다며 짬짬이 시간을 투자했을까? 왕은 국정을 처리하느라 너무 바빠 잠 잘 시간도 모자랐을 텐데 말이다.

그 까닭은 세종의 말 속에서 찾을 수 있다.

"내가 중국어를 공부하는 것은 다른 뜻이 있어서가 아니다. 중국어를 알고 있으면 명나라 사신과 만나 대화할 때, 대답할 말을 생각하여 준비할 시간을 벌 수 있지 않겠는가?"[16]

성종도 자신이 중국어를 공부하는 이유에 대해 이렇게 말한다.

"내가 직접 사신들과 중국어로 이야기하려는 것이 아니다. 역관이 통역할 때 틀린 것이 많아 공부해두려는 것이다."[17]

철저한 보안이 필요하여 독대하지 않는 이상, 외교 대화에서 왕이 직접 상대국의 언어를 사용하는 것은 예법에 어긋난다. 이는 요즘에도 마찬가지인데, 대통령이 아무리 영어에 능통하더라도 정상회담에서는 반드시 통역이 배석한다. 자존심 문제도 있지만, 정확한 의사소통을 위해서라도 전문가인 통역을 거치는 것이 올바른 선택이다.

그렇다고 상대방의 언어를 알 필요가 없다는 것은 아니다. 오히려 유용하다. 세종이 언급한 대로, 역관이 말을 통역하여 전달하는 동안 생각을 정리하고 대응할 시간을 벌 수 있으니 말이다. 또한, 역관이 내용을 제대로 전달하는지 아닌지 파악할 수 있어야 혹시 모를 외교상의 실수를 예방할 수 있다. 한편 역관들을 긴장시키는 효과도 있을 것이다. 중국어 실력이 뛰어난 임금 앞에서 허투루 통역했다가는 목숨이 날아갈지도 모를 일이니 말이다. 자연히 통역의 질이 높아질 수밖에 없다.

자신의 생각을 정확히 전달하는 글쓰기 공부

전통사회에서 '경학經學'과 '문장文章', 유교 경전 공부와 글솜씨는 사대부가 갖추어야 할 중요한 소양으로 여겨져 왔다. 과거시험 소과小科가 경전을 얼마나 이해하는지 평가하는 생원시와 시문 작성 능력을 시험하는 진사시로 구성되는 것에서도 확인할 수 있다. 물론, 어디까지나 중요한 것은 경학이고 문장은 부수적인 수단이다. 17세기의 학자 조익은 이렇게 말했다.

> 특히 문장은 사람들이 가장 귀하게 여기는 것이지만, 만약 선善에 뜻을 두지 않고 전적으로 문장만 일삼는다면, 이것 역시 귀하게 여길 가치가 없다고 할 것이다. 왜냐하면, 그가 지은 문장의 수준이 매우 높아서 사람들이 따라갈 수 없는 것이라 할지라도, 그의 식견이 꼭 통달했다고는 할 수 없고, 그의 마음 씀이 꼭 정대하다고는 할 수 없으며, 그가 말하고 행동하는 사이에 꼭 허물이 없다고는 할 수 없기 때문이다. 만약 식견이 통달하지 못하고 마음 씀이 정

대하지 못하고 말과 행동에 허물이 크다고 한다면, 그의 인품은 고작 범인凡人의 부류에 속한다고 할 것이요, 심지어는 악을 행하는 자가 간혹 그사이에 섞여 있을 수도 있는 것이다. 그러고 보면 그 문장이 비록 좋다 하더라도 그 사람됨이 좋지 못하다면 또 무슨 유익함이 있다고 하겠는가.[18]

아름답고 유려한 글솜씨보다는 글에 담겨 있는 본바탕이 중요하다는 말이다. 그렇다면 문장은 왜 공부해야 할까? 내용을 충실하게 다지기에도 시간이 부족한데 말이다. 하지만 자신의 배움과 생각을 정확하게 표현하고, 다른 사람에게 잘 전달하기 위해서는 반드시 문장을 익혀야 한다.

학교에서 시험지를 채점하다 보면 분명히 생각이 깊고, 아는 것도 많은데, 글쓰기의 기본이 되어 있지 않아서 도대체 무슨 말을 하는 건지 알 수 없는 글을 쓰는 학생들이 있다. 비문투성이의 문장으로는 아무리 좋은 내용이라도 온전히 내 생각을 전달할 수 없는 법이다. 따라서 비록 기술이고 기교일망정, 일정 수준 이상의 글솜씨가 뒷받침되어야 한다.

왕도 마찬가지다. 왕이 구두로만 의견을 피력하고 지시를 내리는 것이 아니다. 왕명을 담은 교지敎旨, 만백성에게 내리는 윤음綸音, 상소에 대한 답변인 비답批答, 중국 황실에 보내는 표表나 주奏 등은 문서로 작성한다. 과거시험 최종단계인 전시殿試에서 시험 문제를 내야 할 때도 있다.

당대에 가장 문장 실력이 탁월한 대제학[19]이 있어서 대신 작성하고, 임금은 승인만 하는 경우가 대부분이지만, 만약 임금이 뛰어난 문장으로 직접 글을 쓸 수 있다면 자연히 왕의 권위가 올라갈 것이다. 세종·영조·정조가 대표적인 사례다. 굳이 이 정도까지는 가지 않더라도 왕이 신하에게 직접 편지를 써야 할 경우도 있고, 시급하게 교지를 내려야 할 때도 있을 것이다. 이때마다 신하에게 대신 글을 써달라고 부탁할 수도 없다. 또, 자신이 쓴 문장이 비웃음거리를 면할 수준은 되어야 한다. 왕의 글솜씨가 형편없는데, 신하들의 존중을 받기란 어렵다.

그래서 왕들은 글쓰기도 공부했다. 예나 지금이나 통용되는 방식이지만, 명문名文을 많이 읽고 따라 써보면 도움이 된다. 일찍이 선조는 한유韓愈·유종원柳宗元·구양수歐陽修·소식蘇軾의 글과 두보杜甫·이백李白의 시 중 좋은 작품을 엮어서 책으로 만들라고 지시했다.[20]《사기》의 저자 사마천,《한서漢書》의 저자 반고班固의 문장도 높은 평가를 받았다.

이색적인 것은《장자莊子》다. 장자는 도가道家에 속하는 인물이고, 성리학자들은 장자를 이단이라고 규정했는데,《장자》가 문장 실력 향상에 도움이 된다고 생각한 것이다. 특히, 정조는 문장 공부를 하는 자는《장자》를 읽지 않으면 안 된다며, 다음과 같이 말하기도 했다.

제자백가諸子百家의 문장 중에서는 《장자》가 가장 훌륭하다. 내가
어려서 이 책을 여러 번 읽었는데, 답답한 기분이 들 때마다 〈소요
유逍遙遊〉편을 펴서 한 번 읽고 나면 가슴속이 상쾌해져서 한 점의
연기나 먼지도 남아 있지 않음을 알 수 있었다.[21]

《장자》의 문장은 웅장하다. 인간 세상의 좁은 굴레에서 벗어나
우주와 자연을 종횡무진한다. 드넓은 상상력과 여유, 당당한 자부
심도 묻어난다. 맹자가 호연지기를 말하긴 했지만 아무래도 유교
경전은 답답하기 마련이다. 삶에, 그리고 정치에 꼭 필요한 교과
서이긴 하지만, 상상력이나 호방한 기개를 키워주지는 못한다. 정
조는 《장자》로부터 그런 위안을 받았다는 것이다. 우리가 공부하
다 지쳤을 때, 신화를 읽거나 무협지를 읽는 것과 다르지 않다.

아무튼, 왕은 이런 책들을 읽으며 문장을 공부했다. 내 뜻을 정
확히 전달하기 위해서, 또는 다른 사람이 보기에 좋은 글을 쓰기
위해서 문장에 힘쓴다고 말하긴 했지만, 이 외에도 문장을 쓰고
다듬는 행위 자체만으로도 자신에게 도움이 된다. 가장 적합한 어
휘, 가장 어울리는 표현을 고민하다 보면 지식이 늘어나고 사고가
깊어질 것이다. 또한 글의 흐름과 구조를 분석하면서 논리가 향
상된다. 불필요한 수식어를 제거하고 문장을 간결하면서도 분명
하게 다듬어가는 과정에서 몸가짐의 도리도 배울 수 있다. 정조가
"문장이 비록 하나의 재주에 불과하다고 말하지만, 학문하는 요체

가 여기에 있지 않다고 단정할 수도 없다"라고 말하는 이유다.

국가의 운명을 위한 풍수지리 공부

화장火葬이 일반화되고 공원묘지가 확대되면서 좋은 묫자리를 찾아 전국을 돌아다니는 일은 많이 사라졌지만, 조상의 묘가 자손의 길흉화복吉凶禍福과 연관되어 있다는 인식은 여전하다. 땅을 살 때, 집을 짓고 건물을 올릴 때, 새 사무실에 입주하여 집기를 배치할 때도 풍수를 운운하며 방위를 따지는 습관이 남아 있다. 옛날은 더 말할 필요도 없을 것이다. 심지어 왕도 풍수에 관심을 가졌다. 조상의 묫자리가 후손의 삶에 영향을 주는 것이라면, 선왕의 능은 왕과 왕실의 화복과 직결되고, 나아가 국가의 운명에도 영향을 미칠 수 있다. 그러니 국가를 위해서라도 풍수를 잡술이라고 치부할 수만은 없었을 것이다. 세종이 한 말을 살펴보자.

> 역대의 거룩한 임금들은 통달하지 않은 바가 없었다. 그리하여 천문 지리의 이치에 대해서도 모르는 것이 없었고, 설령 그보다 못한 임금이어서 천문 지리에 관해 몸소 알지는 못하더라도 아래에 그 직무를 담당하는 사람이 있어, 세대마다 각기 인재가 있었으니 진晉나라의 곽박郭璞과 원元나라의 순신純臣이 그러하다. 우리나라

역시 도읍을 건설하고 능 자리를 정할 때 모두 풍수 전문가의 말을 채용해왔는데, 지금 헌릉獻陵 내맥來脈[22]의 길을 막는 데 이양달李陽達과 최양선崔揚善이 각기 자기 생각이 옳다고 고집하며 분분하게 굴어 정하지 못하고 있다. 나 역시 그런 이치를 알지 못하기 때문에 무엇이 옳은지 그른지를 결단하지 못하는지라. 집현전의 유신儒臣을 데리고 최양달과 함께 매일 그 이치를 강론하고자 한다. 지리에 밝은 자를 널리 뽑아 보고하도록 하라.[23]

헌릉은 세종의 아버지 태종과 어머니 원경왕후를 모신 능이다. 능을 둘러싼 산자락에 큰 길이 나 있는데, 이 길이 능에 해를 끼치므로 막을 것인지, 아니면 사람들이 계속 오갈 수 있도록 그대로 둘 것인지를 두고 풍수가들 사이에서 논쟁이 벌어졌다. 세종으로서도 부모님의 능과 관련이 있고, 또한 왕실의 길흉에도 영향을 미치는 문제이므로 각별하게 신경을 쓸 수밖에 없었다. 하지만 풍수에 대해 알지 못하니 무엇이 옳은지 판단할 수가 없다는 내용이다. 따라서 세종은 집현전 학사들과의 경연에서 풍수서를 읽으며 토론하겠다는 뜻을 밝혔다.

그러자 신하들이 난리가 났다. 지신사 안숭선安崇善 등은 "풍수학이란 잡된 술수 중에서도 가장 황당하고 난잡한 것이오니 경연 강론에 포함하는 것은 옳지 못하다"라며 강하게 반대했다. 세종이 "비록 그러하더라도 그 근원을 캐보고 싶다"라고 했지만, 신하들의 비판에 밀려 철회하고 만다.

　그러나 세종이 누군가? 궁금한 점이 있으면 끝까지 파고들어 이해해야 직성이 풀리는 임금이다. 그는 풍수에 밝은 고위관리를 풍수학 제조에 임명하여 조언을 받았는가 하면, 중국으로 가는 사신 편에 풍수지리 서적을 사오도록 지시했다. 비록 경연에서 공식적으로 다루지는 못했지만, 개인적으로 풍수지리를 계속 공부한 것으로 보인다. 이는 아들 문종도 마찬가지였는데, 문종이 세자로서 세종의 업무를 대행하던 시절, 여러 신하와 풍수가들을 불러 수릉壽陵[24]의 지세를 검토하고, 길흉 여부에 대해 질의했다는 기록이 있다.[25]

　이밖에도 정조의 경우 풍수에 상당한 조예를 자랑했는데, 앞서 말했듯이 선왕의 능을 좋은 곳에 써야 효를 다하는 것일 뿐 아니라, 왕실과 국가의 발전에도 중요하다는 인식이 작용했을 것이다.

다양한 상황의 대비책, 의학·음악·이문·음운학

앞서 다룬 것 외에도 왕은 다양한 분야를 공부했다. 우선, 의학이다. 조선시대에는 위생 및 보건의료 수준이 지금과는 비교할 수 없을 정도로 부족했기 때문에 자주 전염병이 창궐했다. 이에 대한 구체적인 대응이야 신하와 의관醫官들이 담당했겠지만, 왕도 최고 책임자로서 전염병의 메커니즘을 어느 정도는 알고 있어야 했다. 그래야 인적, 물적 자원을 효과적으로 운용할 수 있을 테니 말이다.

그뿐 아니다. 자신의 건강을 관리하기 위해서도 의학 지식이 필요했다. 나라에서 가장 뛰어난 의사인 어의御醫가 있고, 의학 지식에 밝은 전문가들이 시약청侍藥廳을 구성하여 왕의 건강을 지켜줄 텐데 무슨 소리인가 하겠지만, 혹시 모를 독살의 위협에 대비해야 했기 때문이다. 예컨대, 선조는 연년익수불로단延年益壽不老丹[26]과 오가피주를 복용하라는 처방을 받자 "불로단은 서툰 의원이 함부로 만들어서는 안 되니, 오가피주만 들이라"[27]고 명했고, 정조는 자신에 대한 약 처방에 일일이 개입했다.[28] 왕들의 의약 지식이 보통이 아니었음을 알 수 있다.

이런 일도 있었다. 경종이 승하하기 직전, 세제였던 영조는 "인삼을 많이 써서는 안 됩니다. 제가 처방한 약을 진어하고 다시 인삼차를 올리게 되면 기氣를 순환시키지 못하게 될 것입니다"라는 어의 이공윤李公胤의 강한 만류에도 경종에게 인삼과 부자附子로 만든 탕을 올리도록 했다.[29] 경종의 기운을 북돋아주기 위해서였다지만, 인삼차를 마시자마자 경종이 승하하고 만다. 이 일을 두고 반대파들은 영조가 경종을 시해하고자 일부러 그리했다고 공격했다.[30] 영조가 의도적으로 그런 것이 아니고, 그저 우연의 일치라고 하더라도, 전문가의 의견을 무시하며 논란의 소지를 제공한 것은 분명한 사실이다. 조선시대에 세자나 세제는 왕의 시약侍藥을 책임지기 때문에, 이와 같은 문제를 예방하기 위해서라도 의학을 공부하게 된다.

다음으로, 왕이 공부한 것은 음악이다. '왕이 무슨 음악을 공부해?'라고 생각하겠지만, 원래 유학에서는 음악을 매우 중시했다. 유학에서 위대한 성군으로 받드는 요·순 임금이 각기 함지咸池와 소韶라는 음악을 가지고 있을 정도다. 공자도 음악이 인간의 욕구를 억제하고 감정을 제어하며 말과 행동을 조화롭게 만들어준다고 보았다. 그래서 유교 국가에서는 나라의 제사나 각종 의례, 행사에서 곡을 연주했는데, 이 음악이 올바르게 사용되고 있는지, 혹은 변질하거나 타락하지 않았는지를 살피는 것이 임금의 역할이었다.

세종처럼 직접 작곡을 하고 새로운 형식의 악보를 창안하며, 악기 제작을 지휘하는 경지까지는 이르지 못하더라도, 왕들은 음악을 정비하는 일에 심혈을 기울였다. 성종은 궁중 음악 악보와 음악의 원리, 악기 사용법, 관련 제도를 정리한 《악학궤범樂學軌範》을 편찬했고, 영조는 조선의 음악체계를 일신했다.《영조실록》을 보면 영조가 신하들에게 음악에 관한 소양을 시험하는 장면이 나오는데[31], 영조 역시 여러 차례 장악원정掌樂院正[32]을 불러 질의응답을 하는 등 음악 공부에 힘을 쏟는다.

마지막으로, 왕은 이문吏文도 공부했다. 이문이란 중국과 주고

받는 외교문서에서 사용하는 독특한 형식의 문체를 말한다. 다른 글에서는 쓰이지 않는 속어, 약어, 특수용어가 다수 포함되었기 때문에 한문이나 중국어에 능통하다고 해서 이해할 수가 없다. 별도로 배워야 한다. 성종은 경연에서 이문 모음집인 《이문등록吏文謄錄》을 공부했는데, 실제 사례를 중심으로 외교를 배울 수 있는 효과적인 자료였기 때문이다. 이에 관하여 흥미로운 대목이 있다.

주강書講에서 《이문등록》을 강하다가 '(중국에서) 외국인의 출입을 수검搜檢하는 방문榜文'을 보고 임금이 시강관 이명숭李命崇에게 물었다.

"지금, 우리나라 사람이 출입할 때에도 수검을 시행하는가?"

이명숭이 대답하기를 "명나라에서는 우리를 예의禮義의 나라라고 하여 예로써 대우합니다. 신이 전에 북경에 갔을 때 수검한다는 방문이 궐문에 걸려 있었는데, 2~3일 후에 사라져서 물어보니, 명나라 예부상서 추간鄒幹이 황제에게 '조선은 예의의 나라이니, 이것을 보면 반드시 우리에게 마음이 좁다고 할 것입니다. 청컨대 보이지 말게 하소서'라고 아뢰었기 때문이라 하였습니다. 그 뒤로는 신 등이 귀국할 때까지 수검한다는 명령이 없었습니다."

그러자 우부승지 권건權健이 아뢰기를, "신이 일전에 한명회韓明澮와 더불어 북경에 다녀올 때는 예전과 똑같이 수검하였나이다"라고 하였다.[33]

수검이란 외국인 출입국자의 신분을 확인하고 짐을 검사하는 것을 말한다. 요즘으로 치면 공항에서 여권 및 비자 확인과 세관 검사를 하느냐는 질문이다. 명나라가 상국이니 제후국 사신단에게 이를 면제해줄 이유는 없겠지만, 조선은 나름 예우를 해준다는 내용이다. 물론 법제화되지는 않아서 그때그때 달랐지만 말이다. '이문'은 외교 현장의 구체적인 모습을 확인하게 해주는 좋은 자료인 셈이다.

기타 항목으로 세 가지를 소개했지만, 이것만이 전부는 아니다. 왕은 틈틈이 조선의 헌법이라 할 수 있는 《경국대전經國大典》과 선왕들의 전교를 모아놓은 《수교집록受敎輯錄》을 공부했다. 자신의 결정과 조치가 법전에 위배되는지 아닌지를 알아야 했기 때문이다. 왕들은 어떤 제도를 바꿀 때는 이전의 제도들을 공부했을 것이다. 새로운 토지 조세제도인 공법貢法을 마련할 때, 세종은 집현전에 고금의 유사 제도들을 모두 조사해 보고하도록 지시했다.

왕들은 경전이나 역사적인 논거도 일일이 직접 확인했다. 훈민정음을 창제하기 위하여 세종이 치열하게 음운학을 공부한 것도 주목해야 한다. '왕이 직접 그럴 필요까지 있을까?', '신하들에게 맡기고 전문가에게 임무를 준 다음 확인만 하면 되지 않을까?'라고 생각하겠지만, 정말 꼭 이루고 싶은 일이라면 내가 그 일의 최고 전문가가 되어야 한다. 내가 내용을 장악하지 못하면 아무리 훌륭한 보조가 있다고 해도 일을 성공시킬 수가 없다. 올바른 방향을 제시해줄 수 없고, 적절한 결정을 내려줄 수가 없을 테니까.
더욱이 책임은 전적으로 왕이 지는 것이다.

3부

왕은
어떻게
공부하는가

지금까지 왕이 왜 공부해야 하는지를 설명했다. 왕이 배우고 익힌 유학 경전과 역사, 여러 실용서가 왕에게 어떤 의미가 있었는지, 무슨 도움을 주었는지를 검토했다. 공부하는 이유와 공부의 내용을 소개했으니 이제는 공부하는 방법이다. 어떻게 공부해야 원하는 바를 이루고 기대한 효과를 얻을 수 있을까? 왕실 비전祕傳의 비법이나 요령이 있는 것은 아니지만, 왕이 공부의 중점을 어디에 뒀는지, 어떤 자세와 마음가짐으로 공부했는지 등은 오늘날에도 여전히 본받을 만하다.

경연에 참여하고 경청에 힘쓰는 일을 의무로 만들어놓은 것도 눈에 띈다. 안 그래도 신경 쓸 것이 많고 매일같이 과중한 업무에 시달리는 왕을 너무 압박하는 것이 아니냐고 생각할 수도 있다. 하지만 경연과 경청은 왕이 객관적인 시각을 갖도록 만들어준다. 왕의 사고를 넓혀주고, 왕의 지식과 판단을 보완하고 검증함으로써 좀더 완벽해질 수 있도록 돕는다. 경연과 경청이 '왕의 공부'의 핵심이라 해도 틀린 말이 아니다. 바로 이번 장에서 중점적으로 살펴볼 주제다.

1장 | 공부의 핵심은 수신이다

뜻을 성실하게 세워야 한다

공부는 크게 지식을 쌓는 공부와 마음을 수양하는 공부로 나눌 수 있다. 두 영역이 뚜렷하게 구분되는 것도 아니고 병행할 수도 있는 것이지만, 어쨌든 기본적인 공부법이 다르다. 전자가 주로 독서를 통해 이루어진다면 후자는 성찰을 통해 다듬어진다. 그렇다면 왕에게는 어떤 공부가 더 중요할까?

1479년(성종 10) 5월 4일에 열린 경연에서 지경연사 이극배李克培는 "독서는 다만 종이 위에서 하는 공부니, 마음 위에서 하는 공부만 못합니다. 그렇기 때문에 옛날 제왕들은 마음을 바르게 하는 것으로써[正心] 학문의 근원을 삼았습니다"라고 하였다. 물론, 나라를 경영하고 국정을 처리하려면 독서를 통해 얻는 지식이 필요하다. 하지만 왕은 기본적으로 판단하는 자리다. 적절한 선택이 무엇인지, 어느 쪽에 우선순위를 두어야 하는지, 어떤 식으로 배분할지 등을 심사숙고하여 판단하고 결정하는 것이 왕의 역할이다.

이때 지식은 판단을 보조하는 부차적인 요소에 불과하다. 그보다는 마음의 객관성과 투명성을 확보하고, 사사로운 욕심을 제거하며 감정을 절제하는 공부가 요구된다. 그래야 비로소 올바로 판단하고 행동할 수 있기 때문이다. 왕의 공부를 상징하는 경연을 다루기에 앞서, 수신修身을 먼저 이야기하는 이유다.

1578년(선조 11), 이이는 선조의 부름을 거절하며 이렇게 말했다.

신이 들으니, 천하의 모든 일에는 근본과 말단이 있어서 근본을 잘 다스리면 말단은 자연히 다스려지게 마련이지만 근본을 버리고 말단을 우선하다 보면, 힘만 들고 효과는 없다고 합니다. 왕은 한 나라의 근본으로, 나라가 잘 다스려지냐 마냐는 오로지 왕에게 달려 있습니다. 왕이 할 도리를 다했는데도 나라가 다스려지지 않는다는 것은 있을 수 없는 일입니다. 그렇다면 오늘날 인심과 세상의 도리가 모두 이 지경에 이른 것은 전하의 정치와 교화가 훌륭하지 못해서 그런 것이 아니겠습니까? 정치와 교화는 왕의 마음과 관련이 있는 것이니, 전하께서 자신을 반성하는 학문과 성의정심誠意正心 공부가 미진해서 그런 것이 아니겠습니까?[1]

18세기 초의 저명한 학자 한원진韓元震 또한 영조에게 다음과 같이 말했다.

> 마음을 바르게 하는 것[正心]과 뜻을 정성스럽게 하는 것[誠意], 현명한 인재를 임용하고[任賢] 백성을 편안하게 하는 것[安民]은 다들 거론하는 평범한 말인 듯 같지만 제왕帝王이 세상을 다스리는 근본과 급무急務가 진실로 여기에서 벗어나지 않습니다. 이를 늘 염두에 두고 잊어버리지 않으신다면 효과가 클 것입니다.[2]

'성의'와 '정심'은 《대학》의 팔조목八條目에 속하는 개념이다. 격물치지를 통해 객관 진리를 공부한 개인이 이를 진정으로 체득하여 자기 것으로 만들고 실천해가는 단계다. 즉, 수신의 전제가 된다고 할 수 있다. 이이와 한원진은 이 성의와 정심이 한 개인뿐 아니라 왕에게도 매우 중요하다고 강조한다.

더 자세히 살펴보자. '성의'란 내가 배운 지식을 절실하게 느끼는 것이다. 앞에서 소개한 것처럼 왕이 유학 경서와 역사서를 읽으며 무엇이 선인지 악인지, 어떤 것이 올바른 행동인지 그른 행동인지를 알게 됐다고 하자. 공부하고 암기했다고 해서 곧바로 실천할 수 있을까? 만약 그렇다면 나쁜 짓을 저지르는 사람은 하나도 없을 것이다. 세상은 성인과 군자, 선비들로 가득 차 있을 것이다. 한데 현실은 그렇지가 않다.

연산군을 떠올려보자. 조선시대에 가장 정석대로 세자 교육을 받은 사람이 연산군이다. 그 과정에서 매일같이 성현의 말씀을 공부했을 것이다. 그런데도 연산군은 왜 폭군이 되었을까? 그는 선과 악에 대해서는 알았지만, 정말로 이것을 실천해야 한다는 것, 이것은 절대로 하지 말아야 한다는 것을 수긍하지 못했다. 내 안의 사사로운 욕망을 제어하지 못하고 '아무렴 어때?' 하면서 공부한 내용을 마음 한구석으로 치워버린 것이다.

'성의'란 이렇게 되지 않도록 막아주는 공부다. 이것이 선이고 정의롭다는 것을 알았다면 온 힘을 다해 실천하여 조금의 미진한 점도 없어야 한다. 이것이 악이고 잘못이라는 것을 알았다면 온 힘을 다해 제거하여 조금이라도 남아 있지 않게 해야 한다. 그것이 '내 뜻을 정성스럽게 한다'는 '성의'의 의미다.

그렇다면 '성의'하기 위한 구체적인 요령은 무엇일까? 1541년 (중종 36) 4월 2일, 이언적李彦迪·이준경李浚慶·이황李滉 등이 연명으로 올린 상소를 살펴보자.

전하께서 공부를 어떻게 하고 계신지 신들은 들은 바가 없습니다. 아마도 심성心性을 간직하여 기르고 살피는 공부가 부족하신 것 같습니다. 큰 근본이 확고하게 자리 잡지 못했기 때문에 도리를 행할 수 없고, 여러 폐단이 생겨나고 있는 것입니다. (중략) 바라건대 전하께서는 자신의 학문이 지극하지 못하다는 것을 명심하고, 정일精一한 공부에 더욱 힘쓰시옵소서. 다른 사람을 책망하지 말고 자기를 책망하며 밖에서 원인을 찾지 말고 안에서 찾으시옵소서. 늘 조심하고 두려워하여 자기 자신을 속이지 말고 혼자 있을 때를 삼가시옵소서. 그렇게 하신다면 중화中和의 지극한 공부를 저절로 이룰 수 있을 것입니다.

여기서 "늘 조심하고 두려워하여 자기 자신을 속이지 말고 홀로 있을 때를 삼가시옵소서"라는 구절이 '성의'와 관련이 있다. '자기 자신을 속이지 않는 것[毋自欺]', '홀로 있을 때를 삼가는 것[愼其獨]'은《대학》〈성의〉장에 나오는 말이다. 여기서 '자기 자신을 속인다'란, 옳은 것을 잘못됐다고 말하고 잘못된 것을 옳다고 말하는 것이다. 정말 몰라서 그러는 것은 해당하지 않는다. 저 사람의 의견이 타당하다는 것을 알고 있지만 단지 그가 싫어서 동의하지 않는 것, 내가 틀렸다는 것을 알고 있지만 괜한 자존심 때문에 끝까지 우기는 것을 가리킨다. 응당 해야 하는 줄 알면서 하지 않는 것도 마찬가지다. 어려움을 겪고 있는 사람을 보면 도와줘야 한다는 것을 알면서도 귀찮아서 외면하는 것이 바로 자기 자신을 속이는 일이다.

이처럼 사람은 사사로운 감정이나 욕심으로 인해서 스스로를 기만한다. 그러니 이래서는 안 된다고 굳게 다짐해야 한다. 스스로 속이고 있지는 않은지 항상 주의 깊게 살피고, 그런 싹이 보이는 순간 곧바로 이를 잘라내야 한다. 그것이 '자기 자신을 속이지 않는', '무자기'의 공부다. 이와 관련한 정조의 말들을 살펴보자.

마음을 보존하려면 마땅히 스스로 속이지 말아야 한다. 자기 자신을 속이지 않으면 하늘에 부끄럽지 않고 다른 사람들에게도 부끄럽지 않을 것이다.[3]

만약 9분分이 의리에 의한 것이라도 거기에 1분分의 사사로운 마음이 섞여 있다면 그것은 곧 스스로를 속이는 것이다. 무릇 악을 미워하는 것이 진실하지 않고 선을 실천하는 것이 용감하지 않은 것, 겉으로만 그러할 뿐 내면은 그렇지 않은 것, 이 모두가 스스로를 속이는 것이니, 이를 다스리기 위한 공부는 오로지 '그렇게 하지 말라'고 경계하는 데 있다. 한 가지 일을 이렇게 하고 또 다른 한 가지 일을 이렇게 하며, 하루를 이렇게 보내고 또 하루를 이렇게 보내어, 철저하게 파악하고 진정으로 파고들어 그 쌓은 노력이 오래되면, 처음에는 비록 틀어져 어긋나는 부분이 있더라도 마침내는 아름답게 어우러져 하나가 될 것이다.[4]

대개 아주 털끝만큼이라도 거짓이 있으면 아무리 작아도 반드시 드러나고 아무리 은밀해도 반드시 보이는 법이다.[5]

그런데 남들이 보는 곳에서는 선을 실천하고 악을 제거하기 쉽다. 체면 때문에, 내가 좋은 사람이라는 것을 과시하고 싶어서, 혹은 비난을 듣거나 처벌받기 싫어서 도덕적인 사람인 것처럼 행동한다. 또한, 중요하고 어려운 일을 처리할 때는 옳고 그름을 따지는 반면, 평범하고 사소한 일을 처리할 때는 긴장이 풀어져 버린다.

평소에는 교통 법규를 철저히 지키는 사람이 작은 시골길의 건널목에 서 있다고 하자. 좌우를 둘러봐도 사람 한 명, 차 한 대도 보이지 않는다. CCTV도 없다. 물론, 그럼에도 신호를 지키는 사람이 있겠지만 괜찮겠지 하며 빨간불에 길을 건너는 사람이 제법 많을 것이다. 사회생활에서는 철저히 규칙을 준수하면서도 집에서 쓰레기 분리수거를 할 때는 대충하는 경우, 남들이 볼 때는 근엄하게 행동하면서도 혼자 있을 때는 해이해져 있는 경우도 여기에 해당한다. '홀로 있을 때를 삼가라'는 뜻의 '신기독愼其獨'이 제시되는 까닭이다.

'신기독'에서 '독獨'은 '기만欺'이 싹트는 공간이다. 다른 사람은 알지 못하는 나의 속마음, 다른 사람은 보지 못하는 나 홀로 있는 때를 가리킨다. '신愼'은 그것이 싹트지 못하도록 금지하는 방도로서, 항상 경계하고 두려워하며 그런 조짐이 보이기라도 하면 통렬하게 끊어버려 마음속에 남아 있지 않게 하는 것이다. 《대학》에서는 '호색好色을 좋아하는 것처럼 하는 것[如好好色]', '악취를 싫어하는 것처럼 하는 것[如惡惡臭]'이라고 말한다. 이 말인즉, 이성적으로 생각하고 따져본 뒤에 행동하는 것이 아니라, 즉각적으로 튀어나올 수 있도록 오래된 습관처럼 나에게 완전히 체화되어 있어야 한다는 뜻이다.

요컨대 사람은 '홀로 있을 때를 삼가'서 '자기 자신을 속이지 않음으로써' 성의를 구현해갈 수 있다. 이 '성의'는 실천의 출발점이다. 지식이 지식으로 끝나지 않고, 반드시 해야 한다는 것, 반드시 하지 말아야 한다는 것을 절실하게 깨달았으니, 이제야 그 지식을 진정 내 것이라 말할 수 있기 때문이다. 왜 그렇게 해야 하는지를 분명하게 자각했기 때문에 포기하지 않고 끝까지 노력할 힘도 얻게 된다. 이는 왕이 정치를 펼치고 치국을 하는 과정에서 반드시 전제되어야 할 요소다.

마음을 바르게 하고, 경건하게 대해야 한다

다만, 내 뜻이 아무리 정성스러워도, 선악과 시비를 분명히 구분하고 절실히 체득했다고 하더라도, 이를 실천에 옮기는 길은 장애물 투성이다. 바로 사람의 '마음' 때문이다. 모든 것은 마음먹기에 달려 있다 하지 않는가? 마음은 나의 가장 든든한 원군이면서 나의 가장 강력한 적군이다. 나를 분투하게 하고 노력하게 만드는 것도 마음이고 나태하여 방종하게 만드는 것도 마음이다. 흔들림

없이 정의를 추구하게 하는 것도 마음이고 욕망에 흔들려 잘못된 선택을 하게 만드는 것도 마음이다. 앞서 '성의'를 말할 때 스스로 속이냐 마느냐, 홀로 있을 때를 삼가느냐 마느냐도 결국 마음에 달렸지 않은가?

그런데 이미 마음이 중요하다고 밝혔는데, 왜 다시 또 마음을 바르게 하라며 '정심'을 이야기하는 것일까? 주안점이 다른데, '정심'은 인식과 판단의 주체인 마음이 제 역할을 하도록 만들라는 것이다. 무릇 사람은 보편적·도덕적으로 행동할 수 있는 근거를 이미 자신 안에 가지고 있다. 옳고 그름과 선악을 가려내는 힘, 나의 행동이 도리에 부합하도록 이끌어주는 등대, 임시방편의 권도를 사용하더라도 의로움을 잃지 않게 해주는 저울이 내 안에 자리하고 있다. 하늘이 지극히 순수하고 선한 본성을 부여해주었기 때문이다. 이 본성대로 사고하고 이 본성대로 행동하면 되는 것이다. 하지만 이 본성은 처음부터 곧이곧대로 드러나 있지 않다. 기질에 의해 왜곡되거나 가려져 있다. 따라서 사람은 본성을 회복하고 본성의 역량을 남김없이 발휘할 수 있도록 최선을 다해야 한다. 그래야 사람다울 수 있고, 올바르게 살아갈 수 있으니까 말이다.

사람의 마음은 이 같은 노력이 진행되는 공간이다. 우리는 마음을 "텅 비고 맑아 어둡지 않은 상태", 이른바 '허령虛靈'한 상태로 만들어야 한다. 그리되면 나의 모든 인식과 지각 활동이 막힘없이 이루어질 수 있다. 그리하여 내 안에 내재한 하늘의 이치, 즉 본성을 온전히 인식할 수 있게 되고, 나의 행동도 자연히 도리에 부합하게 된다. 주희는 다음과 같이 말했다.

> 사람에게는 다만 마음이라는 것이 있어서 천하의 이치가 모두 여기에 모여들어 있으니, 이는 자기 한 몸의 주재가 되는 것이다. 만약 마음이 없다면 어디에서 이치를 깨달을 수 있겠는가! 오직 학문을 오래하면 마음과 이치가 하나가 되어 두루 널리 응하여, 모두 이치에 맞게 된다.[6]

그렇다면 문제는 어떻게 해야 마음을 허령하게 만드냐일 것이다. 마음은 한순간도 가만히 있질 않는다. 오죽하면 공자와 맹자가 마음을 붙잡아야 한다고 그토록 강조했을까. 일시적으로 마음을 허령하게 만들었다고 해도 이내 잡념이 끼어들고 사사로운 욕망이 움튼다. 갖가지 감정이 생겨났다가 사라지길 반복하고 이 생각 저 생각이 쉴 새 없이 들락날락하느라 '텅 비고 맑은 상태'를 유지하기가 쉽지 않다. 이를 두고 맹자는 "비록 사람에게 인의仁義로운 마음이 있지만, 그 양심良心을 잃어버림이 흡사 아침마다 도끼로 나무를 베어가는 것과 같다"[7]고 했다.

이에 유학자들은 '경敬' 공부가 필요하다고 말한다. 원래 '경'은 '공경恭敬', '경건敬虔'의 의미로 쓰였다. 예의를 갖춰 다른 사람을 대하는 것, 정중하고 정성스럽게 일을 처리하는 것을 말한다. 이를 북송의 학자 정이천程伊川이 나 자신을 위한 '공부'로 전환한 것이다. 쉽게 말하면 '경' 공부란 스스로를 경건하게 대하는 것이다. 어떻게? '경'은 내가 가진 순수하고 선한 본성을 깨우치고, 나의 모든 행동이 본성에 맞게 행해질 수 있도록 마음을 맑게 유지하는 것이다. 사람은 '경'을 통해 마음을 '허령'하게 만들 수 있고 그 상태를 유지할 수 있다. '경'으로써 만사에 대응하고 어떤 일이든 올바르게 처리할 수 있는 힘을 얻게 된다.

'경'을 실천하는 구체적인 방법은 다음과 같다. 우선, 마음을 수렴하여 그 어떤 잡념도 들어가지 못하게 해야 한다. 이것을 '주일主一'이라 부르는데, 가만히 있을 때는 자신의 내면을 관조하며 성품을 함양하고, 움직일 때는 나의 행동을 점검하고 반성하는 것이다. 우리가 내면을 함양하면 자연히 행동이 가지런해지고, 행동을 바르게 하면 자연히 내면도 성숙된다. 즉, '주일'은 내면과 외면이 서로를 길러주도록 하는 것이다. 이 '주일'에 집중하여 노력하게 되면 잡념이 사라지는, '주일무적主一無適'의 단계에 도달할 수 있다.

낯선 개념들이라 무슨 뜻인지 잘 와닿지 않을 수도 있겠다. 우리가 올바르게 판단하고 행동하기 위해서는 마음을 순수한 상태로 유지해야 한다고 말했다. 그런데 사람의 마음은 가만히 있질 못하기 때문에, 속으로 항상 내가 지금 집중하고 있는지, 도리에 어긋난 생각을 하고 있는 것은 아닌지, 감정이 치우쳐 있지는 않은지, 편견과 선입관에 사로잡혀 있지는 않은지, 쓸데없는 생각들을 하며 나의 정신을 낭비하고 있지 않은지를 살펴라는 것이다. 내면을 주시하여 조금이라도 잘못된 길로 들어설 기미가 보이면 바로잡아야 한다.

외면도 마찬가지다. 나의 모든 행동이 적절했는지, 타당했는지, 올바른지를 살피고, 혹시라도 잘못이 있다면 반성하여 고쳐야 한다. 이렇게 내면을 수양하면 자연히 외부로 표출되는 나의 행동이 바르게 될 것이고, 행동을 바르게 하면 내면도 함께 길러진다는 의미다.

이러한 '경'과 '주일'이 왕에게 강조된 것은 당연한 귀결이었을 것이다. 그 이유는 지금까지 계속 설명했으니 굳이 반복하지 않겠다. 어쨌든 왕은 이 세상 누구보다도 현명하게 판단해야 하고 바르게 행동해야 한다. 그러니 마음 역시 누구보다도 순수하고 허령한 상태가 유지되어야 하는 것이다. 그래서 유학자들은 왕의 학문, '성학聖學'의 핵심이 바로 '경'에 있다고 생각했다.

> 왕이 공부하는 방법은 '경'에 달렸는데 경이란 주일무적을 말하는 것입니다. 성학의 시작과 완성이 오로지 여기에 달려 있으니, 성상께서 항시 경외敬畏하는 마음을 조금도 간단없이 가지십시오. 성현들의 심법도 여기에서 벗어나지 않을 것입니다.[8]

'경'을 지킨다는 것은 생각과 배움을 겸하고 움직일 때와 고요할 때를 일관하며, 안과 밖을 합일하고 드러난 곳과 은미한 곳을 한결같게 하는 도道입니다. 이것을 하는 방법은 반드시 삼가고 엄숙하며 고요한 가운데 이 마음을 두고, 배우고 묻고 생각하고 분별하는 사이에 이 이치를 궁리하여, 보이지 않고 들리지 않는 곳에서 경계하고 두려워하기를 더욱 엄숙하고 공경히 하며, 은미한 곳과 혼자 있는 곳에서 성찰하기를 더욱 정밀히 하는 것입니다.⁹

특히, 퇴계 이황은 성군이 되기 위한 학문의 요체를 설명한 《성학십도聖學十圖》에서 이 '경'을 강조했다. 역시 제왕에게 필요한 공부를 정리한 율곡 이이의 《성학집요聖學輯要》에서도 '경'이 매우 중시되었다. 그런데 '경'은 말처럼 쉬운 일이 아니다. 내면을 함양하고 외면을 성찰하라? 간단해보이지만 이를 꾸준히 실천하기란 만만치가 않다. 사사로운 욕망이 계속 고개를 들 것이고, 수많은 생각이 계속 일어나서 내 마음을 어지럽힐 것이기 때문이다.

이에 옛날 성인聖人들은 항상 '두려움[畏]'을 간직하고 있었다. 앞의 인용문에서도 "경외하는 마음을 조금도 간단없이 가지십시오", "경계하고 두려워하기를 더욱 엄숙히 하고 공경히 하십시오"라는 말이 나오는 것은 그 때문이다. 조익에 따르면 "경은 바로 의義를 잃을까 두려워하는 것이니, 두려워하면 이에 대해서 점검하고 제어할 수 있게 될 것이다"라고 했다.¹⁰ 또한 나에게 바르지 못한 요소가 있을까 두려워하고, 혹시 그러한 요소가 있다면 이것을 제거하여 선으로 전환해야 한다고 했다.[11] 그는 이렇게 말한다.

요 임금과 순 임금은 긍긍업업兢兢業業하였고, 문왕文王은 소심익익小心翼翼하였고, 무왕武王은 율율위구慄慄危懼하였고, 증자는 전전긍긍戰戰兢兢하였고, 자사는 계신공구戒愼恐懼하였다. 이를 통해서 살펴본다면, 성현의 일생은 두려워하고 근심하지 않는 때가 없었으니 이것이 마음이 항상 보존되고 이치가 항상 밝으며 인욕이 들어올 틈이 없게 되는 까닭이다.[12]

긍긍업업, 소심익익, 율율위구, 전전긍긍, 계신공구 등은 각각의 표현은 다르지만 모두 매우 조심스러워하고 두려워하여 삼간다는 뜻이다. 내가 하는 행동이 올바름을 잃지는 않았을까, 지금 나의 마음가짐이 도리에서 벗어난 것은 아닐까 두려워하는 마음을 갖고 있다면 항상 자신을 성찰하고 다스릴 수 있게 된다. 다른 사람에게 보이지 않고 들리지 않는 상황에서도 의로움에 위배되지 않을까 두려워하라는 것이니, 늘 이러한 자세를 갖는다면 마음이 하나로 수렴되고, 마음을 보존할 수 있다는 것이다. 이는 자연스레 '왕의 반성'을 강조하는 것으로 이어진다.

모든 것을 반성해야 한다

1398년(태조 7) 5월 3일, 연이어 천재지변이 발생하자 이런 상소
가 올라왔다.

> 옛날에 탕왕은 가뭄이 일어나면 두려워하여 자신을 반성하고 스스
> 로 꾸짖기를, '절차가 잘못된 정사政事가 있어서인가? 내가 백성
> 을 고통스럽게 만들었는가? 그게 아니면 어째서 가뭄이 이처럼 극
> 도에 이르렀는가? 쓸데없는 토목공사를 일으켰는가? 남을 헐뜯고
> 모함하는 무리들이 많은가? 그게 아니면 어째서 가뭄이 이처럼 극
> 도에 이르렀는가?'라고 하였습니다. 대저 탕왕은 성군인데도 자기
> 잘못을 꾸짖음이 이와 같이 지극했습니다.

1400년(정종 2) 12월 22일, 궁궐에서 큰 화재가 발생하자 왕은
아래와 같은 교지를 내렸다.

> 하늘과 사람은 서로 그 기운이 통하여 빈틈이 없으므로 아래 세상
> 에서 정치가 잘못되면 위에서 꾸지람을 내려준다고 한다. 천재지
> 변이 일어나는 것도 결국 사람으로 말미암아 생기는 것이니 하늘
> 의 경고가 어찌 두렵지 않겠는가? 덕이 부족한 내가 왕위에 올라
> 밤낮으로 마음을 다해 올바로 다스리고자 노력하였으나 모든 일을

다 잘 알아서 처리할 수는 없었다. 그간 잘못이 없지 않았을 것이다. 요즘 들어 때 아닌 우레와 비가 내리고 하늘에 이상한 조짐이 일어났으며 궁궐에 화재까지 일어났다. 나의 허물이 이런 지경에 이르렀으니 통렬히 나 자신을 반성한다.

앞에서 내 마음이 흐트러지지 않고 바른 상태를 유지할 수 있도록, 항상 두려워하고 조심하는 자세를 가져야 한다고 설명했다. 한데 평온하고 안정적인 상황에서 두려워하는 마음을 간직하기란 쉽지 않을 것이다. 방심하고 게을러지게 될 가능성이 높다. 일이 잘 풀리고 성공을 거뒀을 경우에는 더욱 심각하다. 두려워하기는커녕 자만에 빠져 마음을 혼탁하게 만들고 말 것이다. 이럴 때는 내가 오류를 범하고 잘못을 저질러도 눈에 들어오지 않는다.

그래서 왕들은 사람의 힘으로는 어쩔 수 없는 재해나 사고에 대해서도 책임지는 자세를 보임으로써 이 '두려움'을 유지하고자 했다. 하지만 가뭄이 일어나고, 궁궐에서 화재가 났다고 해서 왕의 탓이라 할 수 있는가? 가뭄이 천재지변의 영역이라도 가뭄으로 인해 백성들이 고통받고 있으니, 궁궐 화재도 직접적인 책임은 없겠지만 어쨌든 인재人災이니, 왕으로서 도의적 책임을 천명하는 것이라고 치자. 천둥과 번개, 일식과 월식, 유성은 어떻게 설명할 수 있는가? 백성의 삶과는 별반 관련이 없는 자연현상이 일어나도 왕은 자신의 잘못이라며 반성하는 교지를 내렸다. 수라상의 음식

가짓수를 줄이는 감선減膳, 군주의 잘못을 지적하고 자유롭게 정치를 비판하며, 정책을 개선하기 위한 의견을 제시하라는 구언求言도 시행되었다.

부덕한 내가 외람되게도 대통을 이어 백성들의 위에 있으면서, 백성을 보살펴주는 정치를 하지 못하고, 한갓 물난리와 가뭄으로 재앙을 초래하였으니 그저 부끄럽고 두려울 따름이다. 요사이 겪고 있는 가뭄의 참상은 이제껏 경험해보지 못한 일로 애처로운 우리 백성이 목숨을 잃고 있다. 아, 하늘이여. 죄는 나에게 있으니 나 한 사람에게 벌을 내리는 것이 마땅할 진데, 어찌하여 무고한 백성들에게 내리는가. 진실로 나 한 사람의 탓이다.

오늘부터 정전正殿을 나와 더욱 나 자신을 책망하고 허물을 반성할 것이니, 감선하고 술을 금하는 등의 일을 시행토록 하라. 승지는 나를 대신하여 교서를 지어 바른 말을 널리 구하여 나의 부족한 점을 보필하도록 하라. 또한 생각건대. 이런 상황에서는 위아래가 함께 수신해야 한다. 재앙을 불러온 것이 비록 우매한 나의 부덕한 소치로 인한 것이지만 신하들 역시 어찌 실책한 바가 없겠는가. 안팎의 관리들에게 명하여 제각기 맡은 바 직책을 충실히 하면서 두려워하고 반성하여 하늘의 노여움에 답하게 하라.[13]

왕을 비롯한 당시 사람들이 천재지변과 자연현상이 사람이 어떻게 할 수 없는 불가항력적인 사건이라는 것을 몰랐던 게 아니다. 천문을 관측하고 우리만의 책력을 만들어서 일식을 예보하는 나라인데 그런 과학적 지식이 없었겠는가? 다만, 이러한 현상, 언제 벌어질지도 모르는 사건에 대해서도 왕의 반성과 성찰 공부를 의무로 만들어버림으로써 왕이 잠시라도 방심하지 말도록 한 것이다. 그리고 이런 사건을 계기로 지금 하고 있는 일에 문제점은 없는지, 실수한 것은 없는지를 확인하는 것이다. 다음은 각각 세종과 영조의 말이다.

이는 분명히 형벌이 바르게 집행되지 못하였기 때문이다. 죄를 지은 사람이 용서를 받고 무고한 사람이 화를 입어서일 것이다. 등용할 사람과 내쫓을 사람이 뒤바뀌고, 충성스럽고 바른말을 하는 사람이 홀대받아서일 것이다. 백성의 사정이 위로 통하지 못해서일 것이며, 법령이 어지러이 변경되어 관리가 이를 제대로 지키지 못하기 때문일 것이다. 내가 미처 보지 못하고 미처 듣지 못한 사이에 여러 고을과 수많은 백성이 고르지 못한 부역으로 인해 고통받아서 일 것이다. 번다한 세금으로 인해 백성의 삶이 쪼들려 원망과 한탄이 일어났으니 얼마나 많은 사람들이 평안한 삶을 살지 못하게 되었는지 헤아릴 수가 없다. 이는 모두 과인의 부덕함에서 비롯된 것이니, 내가 반성하여 스스로 자책하기를 그만둘 수가 없다.[14]

하늘이 천둥을 쳐 경고하는 뜻을 보이시니, 어찌하여 발생한 것인가? 그 잘못은 실로 과인에게 있다. 나 자신을 수양함에 미진한 점은 없었는가? 마음을 비우고 간언을 받아들임에 부족한 점은 없었는가? 나 자신을 위해 사치한 적은 없었는가? 신하들을 대할 때 성실하지 못한 점은 없었는가? 어진 이가 재야에 있는데도 이를 찾아내지 못하고 있지는 않은가? 곤궁한 백성이 억울한 일을 당했는데 나라에 알리지 못하고 있지는 않았는가? 조정의 기강이 고르지 못하여 천기天氣를 손상하지는 않았는가? 공정한 논의가 가려져 있고, 사사로운 논의들이 멋대로 행해지고 있지는 않았는가?[15]

형식적인 제스처가 아니냐고 할 수도 있겠다. 분명 그런 측면도 없지는 않았을 것이다. 세종 같은 성군은 정말 진심으로 저렇게 생각했을지도 모르지만, 상당수 왕들은 관행적으로 움직였을 확률이 높다. 갑자기 하늘에서 우박이 내렸다? '사건발생시 대응 매뉴얼'에 따라 대제학을 시켜 자책교서를 발표하고 자동으로 구언을 시행하는 것이다. 설령 그렇다고 하더라도 왕에게 도움이 된다. 형식적이라 할지라도 자신이 잘못했다며 반성한다면 그 과정에서 작은 일 하나라도 고치고 바로잡을 테니까 말이다. 미리 조심하고 대비할 수도 있을 것이다.

2장 | 공부의 효과는 집중하는 시간에 달려 있다

경연을 하는 이유

공부는 때와 장소를 가리지 말아야 한다. 깨어 있는 내내 공부만 하라는 뜻이 아니다. 언제나 탐구하는 자세와 배우려는 마음가짐을 가져야 하고, 일상의 사소한 일도 허투루 넘기지 말라는 것이다. 하지만 우리가 공부하기 위해 학교에 가듯이, 정해진 시간과 형식이 있어야 도움이 된다. 다른 일을 하지 않고 오롯이 공부에 집중하는 시간, 공부만 생각하는 시간이 필요한 것이다. 그래야 나태하지 않을 테니까 말이다. 공부를 매개로 선생님, 친구와 소통하고 서로 성장하도록 도울 수 있다. 하루 종일 너무나 바쁜 왕에게 굳이 경연하는 시간을 따로 지정해놓은 이유도 다르지 않다.

경연은 왕이 왕다운 자격을 갖추기 위해 학문을 쌓고 내적 역량을 단련시키는 자리다. 좋은 정치를 펼치기 위해 성현의 말씀과 역사의 사례를 배우며, 신하들의 자문을 받고 격의 없이 토론하는 시간이기도 하다. 그런데 왜 굳이 '경연'이어야 할까? 그냥 틈이 날 때마다 독서하고, 스승을 정해 궁금한 점을 물어보면 되지 않는가? 1392년(태조 1), 사간원에서 올린 상소를 살펴보자.

전하께서는 잠저潛邸[1]에 계실 때부터 독서하기를 좋아하셨으며, 왕위에 오르신 뒤에도 날마다 부지런히 익히고 토론하시니, 이치를 궁구하고 마음을 바르게 하는[궁리정심窮理正心] 학문과 수기치인修己治人의 방법에 대해서는 이미 명확히 알고 계실 것입니다. 한데 경연을 설치했으되 그저 이름뿐이고 전하께서 임석하시어 강론했다는 말은 들어보지 못했습니다. 전하께서는 아마도 "이 세상 어느 것이든, 어느 곳이든 학문이 아닌 게 없는데 어찌 꼭 일정한 법도에 구속되어 매일같이 경연에 나간 다음에야 학문한다고 할 수 있겠는가?"라고 말씀하실 겁니다.

신 등이 생각하건대, 왕의 학문은 외우고 설명하는 것만이 아니라, 날마다 경연에 나가 선비를 맞이해 강론을 들으셔야 발전할 수 있습니다. 그 이유는 첫째, 경연에서는 어진 사대부를 접견할 기회가 많으므로 그 덕성德性에 감화될 수 있습니다. 둘째, 환관이나 궁첩宮妾과 가까이 할 시간이 줄어드니 게으르고 태만함에서 벗어날 수 있습니다. 셋째, 전하께서는 창업한 군주로 자손들의 모범이 됩니다. 만약 전하께서 경연을 중요하게 여기지 않으신다면, 후대에서는 이를 핑계로 삼고 구실로 삼아 학문을 게을리할 것입니다.[2]

태조는 창업군주이니 후대 왕들의 모범을 보여야 한다는 것을 제외하고, 왕이 경연에 나가 공부해야 하는 이유는 두 가지다. 우선, 학문이 뛰어나고 고매한 성품을 가진 선비들을 만나 좋은 영향을 받을 수 있다. 다음으로 공부에 집중하는 시간을 정해둠으로써 나태함을 방지하게 된다. 그냥 혼자서 자유롭게 공부하라고 한다면 바쁘다는 핑계로 툭하면 공부를 미룰 것이고, 공부와 그다지 상관없는 일을 하면서 '이것도 다 공부야'라고 자기 합리화할 수 있다. 다른 사람과 논쟁하며 공부한 내용을 검증하고, 다른 사람의 의견을 들으며 공부의 폭을 넓힐 수 있는 기회도 얻지 못한다. 이는 오늘의 우리에게도 적용되는 것이다.

이어서 연산군 때 홍문관 부제학이었던 박처륜朴處綸의 상소를 살펴보자.

일찍이 태종께서는 '요순의 도는 선비가 아니면 알지 못한다'라고 말씀하시면서 매양 유생들과 함께 경전의 뜻을 강론하셨습니다. 세종께서는 날마다 경연에 납시어 한밤이 되어야 마치셨고, 한여름이나 추운 겨울날에도 조금도 게을리하지 않으셨습니다. 두 성군은 학문이 이미 고명하셨으니, 어찌 경연에 나가셔야만 발휘하는 바가 있으셨겠습니까? 그런데도 부지런히 강론하셨던 것은 임금이 배우고 배우지 않는 것이 성인聖人과 광인狂人을 나누는 기틀이 되며, 다스려짐과 어지러워짐을 가져오는 갈림이 되기 때문입니다.[3]

말은 저렇게 하긴 했지만 사실 태종은 경연을 잘 하지 않는다고 비판받았던 왕이다. 따라서 세종에 초점을 맞춰 생각해보자. 성군聖君으로 꼽히는 세종은 학문이 탁월했는데도 왜 매일같이 경연에 나아가 치열하게 공부한 것일까? 세종의 수준이라면 딱히 신하들에게 무언가를 배웠을 것 같지도 않고, 그냥 혼자서 공부해도 충분했을 텐데 말이다.

알다시피 왕의 판단과 결정은 나라의 운명과 직결된다. 동시에 아무리 똑똑하고 뛰어난 왕이라 해도 '혼자서', '항상' 최적의 결정을 내린다는 것은 불가능하다. 그러니 참모가 필요한 것이고 자문을 두는 것이다. 경연은 왕의 조언자들이 한데 모이는 자리다. 삼정승을 비롯한 의정부의 재상들, 대제학, 홍문관의 신진 관리들, 대간臺諫, 여기에 학문으로 명망이 높은 학자들까지 특별 초빙되었으니 웬만한 조정 회의보다 낫다. 게다가 경연관이 될 정도면 학문과 실력 면에서 검증된 인물이다.

이런 사람들이 모여서 유학 경서와 역사서를 강론할 뿐 아니라,

그와 관련한 정치 문제, 정책 현안을 논의한다. 그뿐 아니다. 기본적으로 공부하기 위해 모인 자리이기 때문에, 정식 회의보다 훨씬 자유롭고 진솔하게 의견이 오고간다. 자연히 왕이 판단하고 결정하는 데 큰 도움이 됐을 것이다.

또한, 조선 초기의 학자 권근權近은 이런 말도 했다.

"전하께서 경연에 납시어 정신을 한데 모아 깊이 연구하시면, 마음 가운데에 의리가 밝게 나타나게 될 것입니다. 편안히 있느라 아무것도 하지 않을 때나 나랏일을 처리하느라 바쁘실 때와는 반드시 차이가 있을 것입니다".[4]

왕으로서 심사숙고하여 결정할 문제가 있다고 하자. 이 고민을 언제 할 것인가? 할 일이 없어서 늘어져 있을 때? 아니면 업무를 보느라 한창 바쁠 때? 전자에는 정신이 해이해져 있고 후자에는 복잡하여 정신이 없을 테니 양쪽 모두 올바른 결정을 내리기에는 적절하지 않다. 경연을 통해 정신을 가다듬고 사려를 한데 집중하다 보면, 마음이 맑아져 내가 어떻게 행동해야 할지 분명해지리라는 것이다.

끝으로, 왕이 엄격하게 자신을 채찍질하는 의미도 있다. 왕으로서 짊어져야 할 무거운 책임, 여기에 변화가 계속되고 불확실성이 중첩되니 노력하지 않는 왕은 금방 도태되기 마련이다. 매일 경연에 나간다는 것은 매일 노력을 멈추지 않겠다는 왕의 다짐과 같다.

경연의 형식

중국 한나라 때 등장하고 송나라에 이르러 체계화된 경연은 우리 나라의 경우, 고려 예종 때 도입되기는 했으나 활성화하지는 않았다. 경연이 본격적으로 시행된 것은 유교국가인 조선이 출범하면 서부터다.《경국대전》에 보면, "'경연'은 왕에게 경서와 역사를 강 독하고 논평, 사려하는 임무를 맡는다. 다른 기관의 관원으로 겸 임하게 하되 모두 문관을 쓴다"라고 씌어 있다. 상설기관이기는 하지만, 전임專任 관리를 두지 않고 모두 겸직으로 운영한 것이다.

경연관은 우선, 정1품 영사領事가 세 명으로 삼정승이 겸임한 다. 이 밖에 정2품 지사知事가 3명, 종2품 동지사同知事가 3명이 있 다. 이들을 각각 영경연사領經筵事, 지경연사知經筵事, 동지경연사 同知經筵事라고 부른다.[5] 명칭이 다소 어려운 듯하지만, 방법을 알 면 쉽다. 조선시대에는 정1품 관직을 영사, 종1품을 판사判事, 정2 품을 지사, 종2품을 동지사라고 불렀다. 여기에 관청을 합치면 된 다. 경연의 영사는 영경연사, 중추부의 영사는 영중추부사領中樞府 事, 돈녕부의 영사는 영돈녕부사領敦寧府事가 되고, 의금부의 판사 는 판의금부사判義禁府事, 이조의 판사는 판이조사判吏曹事가 되는 식이다.

아무튼 2품 이상 재상급 대신이 겸임하는 경연관이 모두 9명으 로, 승지나 부제학이 겸임하는 정3품 참찬관參贊官 7명을 합친다면, 당상관은 모두 16명이다.

특진관特進官이라는 직함도 있었다. 성종이 "경연관 외에 재상으로서 고문을 맡아줄 자를 가려서 '특진관'이라 하고, 경연 때마다 두 명씩 돌아가며 입시하도록 하라"[6]고 지시한 데서 유래했다. 경연이 학문뿐 아니라 정치와 정책 현안을 논의하는 자리이기 때문에 그에 대해 조언해줄 수 있는 대신을 추가로 선임한 것이다. 이밖에 정4품 시강관侍講官, 정5품 시독관侍讀官, 정6품 검토관檢討官, 정7품 사경司經, 정8품 설경說經, 정9품 전경典經 등의 관직이 있었는데, 4품~9품의 정원은 때에 따라서 유동적이었다.

경연의 형식은 고종 때 편찬된《은대조례銀臺條例》에 보면 자세하다. 경연은 조강朝講, 주강晝講, 석강夕講의 세 가지로 구성되는데, "조강은 해가 떠서 날이 밝아올 때, 주강은 정오, 석강은 오후 2시"[7]에 열었다고 한다. 이 경연은 하루 전날에 왕이 할지 안 할지를 결정하며 각각 참석 인원도 달랐다.

'소대召對'는 왕이 신하와 함께 공부할 책을 정해서 수시로 강독하는 것을 말한다. 하루에 두 번 이상 시행하기도 하며 일과 시간이 끝나고 여는 소대는 '야대夜對'라고 불렀다. '소대'는 시간을 정해두지 않고 진행하기 때문에 '불시소대不時召對'라는 말이 자주 쓰였는데, 소대에 참석하는 신하의 평소 학문 실력을 알 수 있는 기회이기도 했다. 요컨대 경연이 정규수업이라면 소대는 비정규 보충수업으로, 조강·주강·석강·소대·야대를 합쳐 흔히 '삼강양대三講兩對'라고 한다.

그런데 매일 삼강과 양대를 모두 소화하는 경우는 드물었다. 생각해보라. 다섯 행사를 전부 진행한다면 하루의 절반 이상이 필요할 것이다. 양대는 불시에 행하는 보충수업이니 생략할 수 있다고 하더라도 국정으로 바쁜 왕이 삼강을 규정대로 소화하기란 현실적으로 불가능하다. 그래서 열심히 공부했던 왕들도 매일 경연을 빠트리지 않되, 하루에 한 번이나 두 번만 진행한 후 필요에 따라 양대로 대신했다. 실록을 검색해보면 주강 〉 석강 〉 조강 순으로 빈도가 높다. 삼강을 빠짐없이 챙긴 사례가 있다면 성종 정도인데, 성종도 간혹 삼강 중 한 번은 정지시킨 적이 있었다.

지금 내가 조강·주강·석강을 듣고 있어서 한가한 시간이 없는 관계로 삼전三殿[8]에 문안을 할 때 조용히 모시고 이야기를 나눌 수가 없다. 또한, 내가 새벽에 일어나서 대왕대비께 문안을 여쭈니, 대왕대비께서 '날씨가 매우 추우니 주상께서는 일찍 다니지 마시오'라고 말씀하시며 정오에 오도록 명하셨다. 하여 조강을 마친 후에야 문안하게 되는데 곧바로 주강을 하게 된다면 차분히 문안할 수가 없다. 밖에 경연관이 기다리고 있는데 내가 대왕대비전의 말씀을 듣다가 늦기라도 한다면, 나에게 무슨 일이 있어서 그럴 것이라고 걱정하지 않겠는가? 그렇다고 궁궐 안의 일을 낱낱이 설명할 수도 없다. 따라서 해가 짧은 겨울 동안만이라도 임시로 경연 횟수를

줄이고 대신 야대로 대체하는 것이 어떻겠는가?⁹

경연은 어떻게 운영되었을까

그러면 경연이 실제로 어떻게 운영되었는지 관련 기록을 토대로 살펴보도록 하자. 먼저, 조선 중기의 학자 유희춘柳希春의 문집 《미암집眉巖集》중 〈경연일기經筵日記〉의 내용이다. 다소 길지만 경연의 모습을 자세히 확인할 수 있는 좋은 자료다.

1567년(선조 즉위) 11월 5일, 조강에 참석하기 위하여 날이 밝기 전에 관복을 차려입고 궁궐 문이 열리기를 기다리고 있으니 영경연사가 들어왔다. 오늘 조강의 영경연사는 신임 우의정인 민기閔箕이고, 특진관 남치근南致勤과 유지선柳智善, 지경연 박충원朴忠元, 승지 이준민李俊民, 대사헌 목첨睦詹, 지평 박희립朴希立, 가주서假注書 유대수兪大脩, 한림 정언신鄭彦信과 정사위鄭士偉, 전경 조정기趙廷機가 참석하였다. 영경연사 앞에서 오늘 강론할 대목을 먼저 설명하자 주석 중 한 대목을 자세히 풀이해드리는 말을 들었다. 이어서 사정전思政殿으로 입시하니 자전慈殿(대비)께서 발을 드리우고 전각 북쪽 서편에 앉아 계셨고, 주상께서는 그 동편에 어탑을 차려 앉으셨다. 모든 신하가 다 들어오자 주상께서 전날 배운 것을 한 차례 읽으니 옥음이 낭랑하였다.

신이[10] 첫 번째 순서로 《대학》의 〈정심正心〉 장을 강론하였는데, '이른바 몸을 수양한다는 것이 그 마음을 바르게 하는 데 있다[所謂修身在正其心]'부터 '혹 그 바람을 잃지 않을 수 없다[或不能不失其正矣]'까지를 음으로 두 번 읽고, 풀이를 한 번 하였더니 주상께서 즉시 음으로 한 번 읽고 풀이를 한 번 하셨다. (중략) 또한, 기대함과 편벽되게 얽매이는 것과 마음속에 담아두는 것에 대해 풀이하였고, 아뢰기를 "기뻐하고 화내고 근심하고 두려워하는 감정은 없앨 수 없을 뿐 아니라 없어서도 안 됩니다. 다만 평상시에는 이러한 네 가지를 마음속에 담을 필요가 없습니다. 마음을 함양하여 사물에 응하지 않을 때는 담담히 비우고 안정시켜야 합니다. 마음을 마치 거울과 같이 투명하게 비우고, 저울대와 같이 평평하게 만든다면, 사물에 응하여 감정이 발동해도 어긋나는 일이 없을 것입니다"라고 하였다.[11]

전경 조경기가 말하기를 "《대학》의 긴요한 대목은 '성의誠意'에 있습니다"라고 하자, 신이 이어서 "《대학》에서 긴요한 곳은 격물치지格物致知와 성의, 두 대목에 있습니다"라고 부연하였다. 전경 조정기가 말하기를, "사람의 마음 중 발동하기는 쉬우나 억제하기 어려운 것은 화입니다. 그래서 이 장에서도 '분치忿懥'를 먼저 말하였습니다. 정자程子가 말하기를 '갑자기 화가 나면 화난 감정을 잊고 그 화가 난 이유가 옳은지 그른지를 살펴라'고 하였습니다. 무릇 잘못된 화는 마땅히 극복하여 제거하고, 옳은 화는 당연히 행해야 합니다"라고 하였다. 신이 설명하기를, "비록 화가 난 것이 옳은 것이라고 하더라도 절도에 맞느냐 아니냐가 중요합니다. 화가 지나쳐서는 안 됩니다"라고 하였다. 또 말하기를, "이 장은 《중용》에서 이른 바 희로애락의 감정이 발동하지 않은 것을 '중中'이라 하고, 발동하여 절도에 맞는 것을 '화和'라 한다[喜怒哀樂之未發謂之中, 發而皆中節謂之和]는 것과 통하는 것입니다. 삼가 원하옵건대 유념하시옵소서"라고 하였다. 영경연사 민공도 "익숙하게 읽고 음미해보시옵소서"라 하고, 기대하거나 편벽되이 얽매이거나 마음에 담아두는 일을 경계하라고 진언하였다. 강론이 끝나고 영경연사가 책을 덮으므로 나도 따라서 덮었다.

이 글을 보면 경연이 어떻게 진행되었는지를 자세히 알 수 있다. 우선 경연관들이 순번을 짜서 참석한다. 경연관은 왕 앞에서 강론하기 전에 최고책임자인 영경연사의 검증을 받아야 한다. 경연 준비가 제대로 되었는지, 교육 내용에 보완할 점이 없는지를 확인하는 것이다. 그리하여 경연이 시작하면 우선 왕은 전날 배운 것을 읽으며 복습한다. 이어 경영관이 오늘 강론한 부분을 읽은 후 그 뜻을 풀이하면 왕이 따라서 반복하는 형식을 취한다. 물론 이것은 왕의 학문 수준에 따라 다를 수 있다. 유희춘이 기록한 이 경연은 세자교육을 받지 못한 채 보위에 오른 열다섯 살 난 어린 임금을 대상으로 이루어졌다. 왕의 학문이 어느 정도 온축된 상태라면, 이런 단계는 생략하고 곧바로 토론에 들어갈 수도 있을 것이다. 고종 때의 경연 모습을 기록한 이만도李晩燾의《향산집響山集》을 보면, 왕이 경연관에게 차례로 "읽으라", "해석하라", "글의 뜻을 설명하라"고 지시한 후, 궁금한 점을 질문하는 형식이다. 요컨대, 왕마다, 시기마다 세부적인 운영방식은 얼마든지 달랐을 것이다. 유희춘의 글을 계속하여 살펴보자.

대사간 목첨과 지평 박희립이 발 앞으로 나아가 아뢰기를 "을사년의 그물에 걸려든 사람들의 원통함을 풀어주소서"라고 하자 자전께서 "마땅히 옳고 그름을 정해야 할 것이오. 다만 나는 부녀자로 식견이 없소. 주상께도 나이가 아직 어리시니 성학이 고명해지시기를 기다려 결정해도 늦지 않을 것이오"라고 답하셨다. 대간이 물러나 제자리로 돌아가므로 아래서부터 차례로 물러갔다. 매번 출입할 때마다 영경연사는 동협東夾으로 들어가고 다른 신하들은 서협으로 들어가며 책을 놔두고 땅에 엎드려 나아가고 물러 나왔다. 모두 나와 근정전의 북쪽 계단 아래에 이르러 차례로 늘어서서 서로 읍하고 빈청[12] 남쪽의 의막依幕[13]으로 들어갔다. 이곳에서 선반宣飯[14]을 먹고 파하여 옥당으로 돌아왔다. 그리고 '기대하는 것, 편벽되이 얽매이는 것, 마음에 담아두는 것', 이 세 가지에 대한 풀이를 종이에 정리하여 승정원을 통해 주상께 바쳤다.

저물녘에 문득 야대夜對하겠다는 주상의 하교가 있으셨다. 경연청으로 가니, 승지 허엽, 주서 윤탁연尹卓然, 한림 정사위鄭士偉와 정언 신鄭彦信이 있었다. 주상은 비현각조顯閣 서벽에 동쪽을 바라보며 앉아 계셨고, 신 등이 방 안으로 들어가 절을 올리니 주상이 앉으라고 명하셨다. 그리하여 아침에 강론했던 것을 한 번 다시 두루 읽고, 신이 '마음이 있지 않으면[心不在焉]'의 대목부터 '모두 옛글로 바름을 삼는다[并以舊文爲正]' 부분까지를 강론하였다. 허엽이 인용한 동자董子(동중서)의 '마음을 바르게 하여 조정을 바르게 한다[正心以正朝廷]'는 말과 관련하여, "보통 사람이 마음을 바르게 하면 그 효과는 자신의 몸을 수양하고 한 집안을 바르게 하는 데 그칩니다. 그러나 임금은 다스림과 교화를 책임지고 백성을 어루만지는 위치에 있습니다. 임금의 어진 마음이 발휘되면 백성과 선비가 모두 각자의 자리에서 편안할 것이고, 의로운 마음이 발휘되면 기강이 바로 잡히고 상벌이 투명해질 것입니다. 예禮의 마음이 발휘되면 명분과 제도가 모두 어긋나지 않을 것이며, 지智의 마음이 발휘되면 잘잘못과 옳고 그름이 모두 틀림이 없을 것이니 어찌 지극히 크고 지극히 넓지 않겠습니까? 엎드려 원하옵건대 전하께서는 유념하시옵소서"라고 설명하였다. 이때 허엽이 어진 이를 높이고 묻기를 좋아하는 제왕의 도리에 대해 극진하게 진술하였는데, 그 내용이 매우 좋았다.

을사사화의 억울한 피해자를 구제해달라는 건의가 나온 것에서 볼 수 있듯이, 경연에서는 학문 강론뿐 아니라 정무에 관한 논의도 이루어졌다. 경연을 모두 마친 후에는 그날 다룬 내용 중 중요한 것을 따로 정리하여 왕에게 올리기도 한다. 왕이 자습하면서 참고할 수 있도록 강의록을 만들어주는 것이다. 야대는 당일에 통보받을 정도로 불시에 이루어졌는데, 주로 그날 경연에서 배운 것을 복습하거나 별도의 교재를 정해 공부하는 형태를 취했다.

다음은 조선을 대표하는 학자인 퇴계 이황과 율곡 이이가 경연에 참석한 모습이다. 이 두 사람은 경연에서 어떤 발언을 했을까? 먼저, 이황의 말을 살펴보자.

상이 경연에 나아갔다. 이황이 입시하여 《논어》의 "하늘이 나에게 몇 해만 더 허락해주어 《역》 공부를 마치게 해주신다면 큰 허물이 없게 될 수도 있으련만"이라고 한 구절과 그 주석에 "《역》을 배우면 길하고 흉한 것, 자라나고 사라지는 것의 이치와 관직에 나아가고 물러나는 것, 보존되고 멸망하는 것의 도리에 밝게 된다"라는 대목을 강론하면서 그 뜻을 부연해 아뢰었다.

"건괘를 가지고 말하자면 상구上九는 그 지위가 이미 최고여서 더는 올라갈 곳이 없으므로 귀하면서도 자리가 없고 높으면서도 다스릴 백성이 없어 '항룡유회亢龍有悔'의 상이 있게 되는 것입니다. 임금도 마찬가지입니다. 스스로 높고 존귀한 자라고 자처하며 어

진 사람을 홀대하고, 스스로 성스러운 자인 체하며 혼자서 다 아는
마냥 세상을 제어하려 들고 아랫사람에게 몸을 낮추지 않는다면,
왕은 '항룡유회'의 상처럼 곤궁한 재앙을 맞게 될 것입니다. 전하께
서 이 점을 늘 염두에 두고 계신다면 큰 허물이 없으실 것입니다."
또한, 다음날 별도로 책자를 만들어 올리니 상이 "경의 말을 내 마
땅히 날마다 경계로 삼으리라"라고 이르셨다.[15]

'항룡유회'란 하늘 끝까지 올라간 용은 내려가는 일밖에 남지
않아 후회한다는 뜻이다. 지고무상의 지위에 있고 부귀영화가 극
도에 도달한 사람은 더는 올라갈 곳이 없다. 조심하고 노력하여
그 자리를 유지하지 못하면 곧바로 내리막길을 걷게 된다. 왕도
이와 같으니 자만하지 말고 함부로 힘을 휘두르지 말며, 항상 삼
갈 줄 알아야 한다는 것이다.

다음은 율곡 이이의《석담일기石潭日記》에 수록된 내용이다.

2월. 임금이 경연에서《춘추》를 강론하였다. 이이가 임금에게 아
뢰기를, "정자程子는 '후세의 왕이 만약《춘추》의 뜻을 안다면 비록
우왕禹王이나 탕왕湯王과 같은 덕이 부족하더라도 삼대의 정치를
실천할 수 있다'라고 하였사옵니다. 이 말이 분명히 사실일 것입니
다. 원하옵건대, 전하께서는《춘추》를 읽으실 때마다 반드시 어떻
게 해야 삼대의 정치를 회복할 수 있을까를 생각하시옵소서. 그렇

게 하면 반드시 유익할 것입니다.

지금 나라는 안으로 기강이 무너져 백관은 맡은 바 직무를 다하지 않고, 밖으로 백성이 곤궁하며 재정이 고갈되었고 군사력은 나약합니다. 별다른 일이 생기지 않는다면 어찌어찌하여 국가를 부지해갈 수 있겠으나, 만일 전란이라도 벌어진다면 흙이 무너지듯 기와가 부서지듯이 수습할 방법이 없을 것이옵니다. 크고 작은 관리들은 현실에 익숙해져 걱정스러운 줄도 모르고 있사오니, 부디 전하께서는 반드시 이 위태로운 상황을 밝게 살피시어 예삿일로 여기지 마시옵소서. 힘써 노력하고 용감하게 떨쳐 일어나 먼저 마음을 수양해 나가신다면, 학문이 바르게 되고 밝아져서 마음이 환하게 트일 것입니다. 대신을 타이르고 어진 선비를 요직에 기용하여 날마다 애쓰신다면, 국가의 사업을 일으키고 백성을 힘들게 하는 폐단을 개혁하신다면, 그리고 뜻을 굳건히 하여 절대 물러나지 않으신다면, 국가의 일은 거의 바라는 대로 이뤄질 것입니다.

무릇 인재는 다른 시대에서 빌려오지 못하는 법입니다. 자고로 정치를 잘하고자 하는데 인재가 없었던 적이 있었습니까? 그리고 임금은 좋아해야 할 것과 미워해야 할 것을 뚜렷하게 밝혀서 민심을 안정시켜야 합니다. 전일 전하께서 이조에 명하시어 인재를 등용하는 법에 대해 논하시매, 그 취지가 공정하고 밝으며 간절하니, 많은 사람이 감격하여 눈물을 흘렸습니다. 나라 사람들은 전하께서 반드시 무엇인가를 하실 것으로 기대하였습니다. 하지만 그 뒤로 아무런 실천이 없으셨습니다. 비록 마음에 있더라도 반드시 실제 정사政事 속에서 베풀어야 실효를 보일 수 있습니다.

옛날 요 임금과 순 임금은 인仁으로 천하를 거느리니 백성들이 따랐습니다. 요순은 선을 좋아하고 악을 미워한다는 것을 분명히 천명하였기 때문에 천하도 순종하며 악을 버리고 선을 실천하였습니다. 한데 후세의 임금들은 신하에게 자기 생각을 알리게 되면 혹 그것이 경솔하고 천박해보이지는 않을까 염려합니다. 그래서 무엇을 좋아하는지, 무엇을 미워하는지를 분명히 밝히지 않음으로써 도리어 어진 이가 의지할 곳이 없게 하고 악한 이는 두려울 것이 없게 만들었으니, 이는 임금의 도량이 아닙니다. 만약 전하께서 선을 좋아하시고 악을 미워하신다는 것을 분명하게 밝혀주신다면 선비들은 흥기할 것이고 거리의 백성들까지도 선으로 향할 마음을 발할 것이오니, 이것이야말로 오늘의 가장 급한 일이옵니다."

일반론인 것처럼 말하곤 있지만 사실 하나같이 선조를 비판한 것이다. 나라가 위태로운 지경인데 왕이 그 심각성을 느끼지 못하고 있다, 좋은 인재를 등용하기 위해 노력하지 않는다, 말로만 할 뿐 실천하지 않는다, 선악에 대한 왕의 기준을 알 수 없다 등이다. 왕 앞에서 신하가 비분강개한 목소리로 왕을 비판하는 것, 이 역시 조선시대 경연의 풍경이다. 물론, 이이가 이 말을 하자 다른 경연관들은 모두 침묵하고 아무 소리도 하지 않았다고 하지만 말이다.

경연을 둘러싼 에피소드

경연이 이 땅에 성군聖君의 정치를 구현하기 위한 필수적인 장치라지만, 왕으로서는 피하고 싶을 때도 많았을 것이다. 매일같이 자기보다 학문이 뛰어나고 정치 경험이 월등한 신하들에게 둘러싸여 강의를 듣고 배움의 수준을 평가받아야 하니, 정말로 공부를 좋아하는 사람이 아니라면 견디기 쉽지 않았을 것이다. 게다가 결석이라도 하면 곧바로 "그러시면 아니되옵니다!"라는 상소가 쏟아진다. 왕이라는 사명감만 아니었으면 당장 그만두고 싶지 않았을까?

이러한 마음은 사가私家에서 생활하다가 어느 정도 나이가 들어 보위에 오른 왕들이 특히 심했던 것 같다. 태조·태종·세조가 여기에 해당하는데, 태조는 57세, 태종은 33세, 세조는 38세에 각각 왕이 되었다. 성종·중종·선조·인조·철종·고종도 세자를 거치지 않고 사가에서 생활하다가 곧바로 왕이 된 사례지만, 이들은 모두 10~20대의 나이였다. 아무튼, 몇십 년을 자유롭게 살다가 신하들에게 둘러싸여 공부해야 하니, 그 상황이 마음에 들지 않았을 것이다. 체면 문제도 있다. 혹시라도 나이가 몇인데 아직 이것도 모르시냐는 비웃음을 살까봐 걱정됐을 것이다.

그래서일까? 세 왕이 경연에 참여한 횟수가 유독 적다. 태조는 날마다 경연을 열어야 한다는 신하들의 요청에, "내가 수염과 살쩍[16]이 이미 허옇게 되었는데 유생들을 모아 강론을 들을 필요가 있겠는가?"라고 답했다.[17] 이 나이에 매일같이 책을 펴고 공부해야겠냐는 것이다. 신하들의 간곡한 권유에 따라 경연에 참석하기는 했지만, 재위 7년 동안 경연을 열었다는 기사는 열 건도 되지 않는다. 태종도 경연을 그다지 좋아하지 않았다. 그는 경연청經筵廳이 수리 중이라는 이유로 경연을 차일피일 미루다가 간관諫官에게 한소리를 들었다. 그가 측근인 승지 김과金科와 나눈 대화다.

"내가 비록 날마다 경연에 나아가서 여러 대신과 강론하지는 않는다고 하더라도, 항상 그대와 더불어 글을 읽고 있지 않은가? 배우기를 좋아하는 것은 매한가지다."

김과가 답했다. "그렇긴 하오나 옳지 못한 점이 있습니다."

임금이 "무엇인가?" 하고 물으니 김과가 대답하기를, "신은 전하께서 학문을 좋아하신다는 것을 알고 있사옵니다. 그러나 여러 어진 신하와 함께 강론하지 않고, 오로지 소신과 더불어 읽으면 경연 제도는 장차 사라질 것입니다. 후세의 자손 중에 반드시 이를 본받는 자가 있을 것이오니, 혹시 어둡고 용렬한 임금이 있어, 간사하고 아첨하는 신하가 날마다 궁중에 들어와 나쁜 짓을 저지르고, 나가서 사람들에게 '임금께서 글 읽는 것을 좋아한다'라고 말한다면, 실로 딱한 일이 아니겠습니까?"라고 했다.[18]

왕이 독서를 즐기는 것은 알겠다. 그러나 경연은 단순히 책을 읽고 암송하는 자리가 아니다. 신하들과 토론하고 소통하면서 지식을 객관화하고 배운 내용을 점검하는 행사다. 따라서 개인적으로 책을 읽고 있으니 된 것 아니냐며 경연에 소홀하지 말라는 것이다. 자칫 후대에 이를 악용하는 사람이 나올 수도 있으니 말이다. 한데 태종은 약과다. 그의 손자 세조는 경연에 대해 훨씬 더 부정적이었다.

> 내 나이가 비록 불혹不惑이 지났지만 심기心氣가 튼튼하고 굳세어 조금도 쇠퇴하지 않았으니 날마다 경연에 나아간다 해도 힘이 부족하지 않다. 다만, 경연은 옛날 성현들이 행하신 일이 아니다. 요임금이나 순 임금도 경연을 베푼 적이 없으며, 주공도 마찬가지다. 그저 송나라 군주들이 구구하게 만들어낸 일을 그렇게 충실히 본받을 필요가 있겠는가?[19]

그런데 이와 반대인 경우도 있었다. 왕이 경연을 너무 좋아해서 신하가 부담스러워했던 사례다. 왕이 공부에 대한 열의가 높고 학문이 탁월하다 보니 신하가 왕의 속도를 따라가기 벅찼던 적도 있다. 예컨대, 《세종실록》을 검색하면 "경연에 임어했다〔御經筵〕"라는 표현이 1,615건이나 등장한다. 경연에 참석했으되 다른 식으로 기록된 기사를 합치면 2,000건이 훨씬 넘는다. 이는 성종을 제외한다면 다른 왕들을 압도하는 숫자로, 세종이 얼마나 경연을 열심히 했는지를 보여준다. 더욱이 세종은 유학 경전과 역사에 모두 능통했고 다양한 실용학문까지 섭렵하고 있었기 때문에, 경연에서 세종을 상대해야 하는 경연관들은 초긴장 상태일 수밖에 없었다. 실제로 세종은 어려운 질문들을 던지곤 했는데, 아래와 같은 상황도 있었다.

> 경연에서 어렵고 의심스러운 부분이 있어서. 임금이 경연관에게 물으니 모두 대답하지 못하였다. 임금이 말하였다.
> "의문을 갖고 그것을 더욱 연구해 들어가면 얻는 바가 있을 것이다. 무릇 배우는 자로서 스스로 모른다고 하는 것은 옳은 일이지만, 스스로 알지 못하는 것이 없다고 하는 자는 용렬한 무리이다. 그대들은 알지 못하는 것을 꺼려하지 말라.[20]

왕의 질문에 답변하지 못한 신하들에게 괜찮다며, 부족한 바를 알고 더 노력하면 된다고 다독이는 모습이다. 한데 당사자의 심정은 어땠을까? 학문이 뛰어난 사람으로서 경연에 불려왔는데 왕의 물음에 입도 뻥긋 못 한다면? 차라리 야단이라도 맞으면 좋으련만, 그야말로 좌불안석이었을 것이다.

이러한 상황은 세종의 아들인 문종 대에도 이어졌다. 세종 못지 않은 호학好學 군주였던 문종은 "일전에 경연관에게 명하길, 경서를 진강할 때 의심스러운 곳이 있으면 마땅히 강구하고 토론하여 남김없이 진술하라고 하였다. 그러나 이같이 행동하지 않고 있으니, 승정원에서는 나의 뜻을 다시 경연관에게 분명히 전달하도록 하라"고 말한다.[21] 경연관들이 경연에 참여할 만한 준비가 되지 않았으니 철저히 예습하고 오라는 것이다.

정조 때에 가면 상황은 더욱 살벌해진다. 학문이 깊었던 정조는 신하들의 수준이 영 마뜩잖았다. 흡사 대학생이 중학생을 상대해야 하는 것 같은 상황이니, 경연하는 것 자체가 시간 낭비라고 생각했던 것 같다. 그는 경연과 소대의 횟수를 줄여버렸다.

전하께서는 타고난 자질이 총명하며 슬기롭고 학문의 조예가 뛰어나십니다. 하지만 비록 자품이 아름답더라도 학문하는 공부에 독실하지 못하면 계속하여 빛날 수가 없는 법입니다. (중략) 신이 들으니 요사이 전하께서는 경연에 나오시는 일도 드물고 소대 또한 드물다고 하였습니다. 조언을 듣고 의문점을 질문할 여러 신하들이 성상聖上의 마음에 부합하지 못하기 때문에 차라리 혼자서 탐색하는 공부를 하려고 그러시는 것입니까?[22]

신하들이 이를 비판했지만, 정조는 요지부동이었다. 그나마 경연에 나가더라도 별다른 질문을 하지 않고 시간을 보냈다. 정조는 이렇게 말한다.

신하들은 내가 경연에서 어려운 질문을 하지 않는 것에 대해 혹시 공부를 게을리해서 그런 것이 아니냐고 의심한다. 하지만 이는 나의 뜻을 모르는 자들이다. 근래의 경연관 중에는 경술經術에 익숙한 자가 적으니, 만일 내가 의심나는 글을 질문하고 심오한 뜻을 토론하자고 한다면 제대로 대답하지 못하거나, 잘못 대답하는 경우가 많을 것이다. 그때 얼마나 무안하겠는가. 이 점 때문에 차라리 내가 학문을 게을리한다는 소리를 들을지언정 경연관을 무안하지 않게 하려는 것이다.[23]

그렇다고 정조가 학문에 소홀했던 것은 아니다. 정조는 왕이 신하들에게 학문을 배우는 기존 방식에서 벗어나 직접 나서서 신하들을 가르쳤다. 군사君師를 자임함으로써 왕권을 강화하려는 의도였지만, 자신의 학문이 신하들을 압도한다는 자신감에 바탕을 둔 것이다.

정조는 신하들과의 질의응답, 그리고 그들을 가르치고 훈계한 내용을 담은 〈논어강의〉·〈맹자강의〉·〈중용강의〉·〈대학강의〉·〈좌전강의〉·〈주역강의〉·〈상서강의〉·〈자치통감강목강의〉 등의 저술을 편찬했다. 철학사적으로도 중요한 저작으로 손꼽히는데, 정조의 신하가 된다는 것이 참으로 만만치 않았겠구나 하는 생각이 든다.

이밖에도 '경연'은 다양한 이야기를 남겼다. 중전과 크게 싸운 정종이 경연청에 와서 10여 일간 지냈다는 기록을 보면 왕도 똑

같은 사람이구나 싶다.[24] 단종 때는 경연이 열리는 동안 장지문 밖에서 떠든 환관들이 국문을 받았으며,[25] 연산군은 발병이 났다, 감기 기운이 있다, 번민하고 있다, 허리가 아프다 등 갖은 핑계를 대며 경연에 나가지 않았다. "경연에서는 직접 읽어야 하는데 오늘 혀가 몹시 아프므로 나갈 수가 없다"라는 이유를 댄 적도 있다.[26] 그나마 초기에는 미안한 척이라도 했는데 후반부에 가면 아예 경연을 관장하는 홍문관을 폐지하고 경연의 숙직 관원을 내쫓아버렸다.[27] 연산군이 폐위되기 한 해전인 1505년(연산군 11) 2월 18일에 보여준 모습은 정말 가관이었다.

왕이 전교하였다. "경연을 여는 것은 어린 임금으로 하여금 군신 상하 간의 뜻을 통하게 하고, 옛날과 오늘날의 잘 다스려지고 혼란 스러웠던 자취를 살피게 하려는 것이다. 내가 경연에 나가지 않고 조하朝賀, 조참朝參, 조계朝啓 등의 정무를 본다고 해도, 어찌 상하 의 뜻을 통하지 못하겠는가? 또한, 내가 10여 년의 경연을 통해 고금古今의 치란治亂에 대해서도 대략 알았으니 경연에 나갈 이유가 없다. 의정부와 육조, 승정원, 대간에게 의견을 물어라." 승지들이 아뢰기를, "전하의 성학聖學이 높고도 밝으시니 반드시 경연에 납실 필요가 없습니다"라고 하였다. 의정부와 대간 및 육조 판서도 "경연은 정지할 만하면 정지하는 것입니다. 굳이 나실 것은 없습니다"라고 하니, 왕이 말하였다. "전에 간사한 신하들이 내가 경연에 나가지 않는 것을 그르다 하며 다투어 싸우듯 주장하였다. 이는 비록 내가 덕이 없는 탓이지만, 마음속에 맺힌 한을 이루 말할 수가 없다. 하여 한스러운 마음을 풀려면 음악이 아니면 아니되겠기에 이원梨園[28]을 설치한 것이다."[29]

경연은 왕이 어렸을 때나 하는 것이지 자신은 공부가 어느 정도 수준에 이르렀기 때문에 굳이 경연에 나갈 필요가 없다는 것이다. 그러면서 경연에 참석하라고 요청한 신하를 '간사한 신하'라고 부르고, 그런 주장으로 인해 마음에 울화가 맺혀 '이원'을 만들었다고 변명하고 있다. 신하들은 이와 같은 연산군의 말도 안 되는 주장을 비판하기는커녕, 옳으신 말씀이라며 머리를 조아리고 있으니, 충신이 사라지고 아첨하고 부화뇌동하는 신하들밖에 남지 않은 당시 조정의 상황을 잘 보여준다.

경연에서는 이런 일도 벌어졌다. 1582년(선조 15) 4월, 예조참판 김계휘金繼輝가 특진관으로 경연에 참석했다가 중풍이 발작했다. 놀란 왕이 김계휘를 수레에 태워 집으로 돌려보내고, 호피와 약재를 하사하며 수시로 병세를 확인했는데 안타깝게도 그날 밤 세상을 떠났다.[30]

경연관이 지각하여 왕이 크게 화를 낸 적도 있는데, 한두 번 있었던 일이 아니었던 것 같다. 이때 효종은 "그대들이 매번 신하들을 예로써 대우하라며 나를 책망하기에 나는 그 말을 따르려 애쓰고 있는데, 정작 그대들은 어떠한가? 조정 신하들의 태만한 습성이 날이 갈수록 심하다"라며 그날 경연을 아예 정지해버렸다.³¹

이와 같은 우여곡절 속에서도 태조에서 고종에 이르기까지, 경연은 사라지지 않고 계속되었다. 경연의 구체적인 내용과 운영방식에 대해서는 이견이 있을 수 있다. 하지만 학문을 증진하고 신하와 소통하며 국정을 자문받는, 경연의 효용성에 대해서는 누구나 고개를 끄덕일 것이다. 자발적이고 능동적으로 경연에 참여했던 왕들이 곧 조선의 전성기를 이끌었다는 점은 우리에게 시사하는 바가 크다.

3장 | 공부의 보완은 경청이다

전문가의 조언을 귀담아듣다

마음을 바르게 하고 성실히 책을 읽으면서 공부한다고 해도 그것만으로는 한계가 있다. 무엇보다 내가 모든 지식을 섭렵한다는 것이 애초에 불가능하다. 또한, 수양을 통해 판단 주체인 마음을 맑고 투명하게 만든다고 해도, 나의 주관에서 완전히 벗어나기 힘들다. 지식을 더욱 넓게 확장하고 객관화하기 위해서는 또 다른 공부방법이 필요한데, 그것은 바로 '경청'이다. 전문가의 조언을 들어 나의 부족한 점을 채우고, 다른 사람의 간언에 귀 기울임으로써 실수를 예방하고 잘못을 바로잡을 수 있다. 현장의 사정을 확인하는 것 또한 경청을 통해 가능하다. 그래서 왕들에게도 경청이 중시되었다.

왕을 비롯한 지도자들이 자주 하는 착각이 있다. 내가 모든 업무를 다 잘 안다는 것이다. 처음 그 자리에 올랐을 때는 자신이 부족하다는 것을 알기 때문에 삼가고 조심한다. 하지만 시간이 흘러 자신감이 붙고 나면, 어느새 자만에 빠진다. 외교·국방·경제·복지·교육 등 모든 분야에 능통하다고 생각하고, 내 판단이 무조건 옳다고 믿는다. 그래서 해당 분야 전문가의 말을 무시하고 강행하다가 실패하는 경우를 요즘도 어렵잖게 찾아볼 수 있다.

그런데 세종은 달랐다. 1433년(세종 15), 국경을 어지럽히는 파저강 유역의 여진족을 토벌하겠다는 결심을 굳힌 세종은 명장 최윤덕崔潤德을 평안도 도절제사로 삼아 임지로 보냈다. 우선 현지에 가서 상황을 살피라는 의도였다. 그리고 연일 회의를 열어 세부적인 정벌 계획을 논의했다. 이 과정에서 세종은 구체적인 전략과 대응방안을 직접 지시하는 등 상당히 적극적인 모습을 보였다. 평소 군사 분야에 관심을 가졌던 데다가 병법서도 많이 읽었으니 왕으로서 지략을 펼쳐 보이고 싶은 마음도 있었을 것이다. 하여 세종은 정벌군의 병력을 3천 명을 편성하고, 평안도뿐 아니라 황해도의 군사도 징발하도록 명한다. 한데 최윤덕이 보낸 상소가 도착했다.

지금 전교를 받자와 엎드려 살피니, 파저강을 토벌하는 일에 군사 3천 명을 쓰라고 하셨습니다. 신이 생각건대, 오랑캐의 땅은 험하고 막혀 있는 곳이 많아서 모름지기 일정 수준의 수비군을 편성해 주둔시켜야 합니다. 또한, 군수 보급창고를 지키는 군사도 따로 두어야 할 것입니다. 하물며, 이와 같은 군사는 다음에 또다시 일으키기가 어렵습니다. 신은 만전을 기하기 위해 동쪽과 서쪽 양방향에서 진군하고자 하오니, 군사가 1만여 명은 있어야 가능할 것이온데, 지금 3천 명으로 정하였다는 말을 듣자니 심히 염려되옵니다.[1]

군사 작전을 원활히 수행하려면 최소한 1만 명의 병력이 필요하다는 것이다. 왕의 지시가 틀렸다고 받아쳤으니, 노여워하거나 주저할 만도 하지만 세종은 "군신이 더불어 적당한 군사의 수를 논의하였을 때, 혹자는 7~8백 명을 말하고, 혹자는 1천 명을 말했다. 3천 명으로 확정했을 때도 5백 명을 더해야 한다, 1천 명을 더해야 한다는 주장들이 있었다. 그러나 지금 최윤덕이 보낸 글을 보니 과연 1만 명이 필요하겠구나"라고 말한다. 군사 분야의 최고 전문가이자 현장 지휘관의 의견을 경청하고 자신의 결정을 철회한 것이다.

세종은 자신의 판단이 잘못되었다는 것을 즉각 인정했다. 또한, 황해도의 병력이 파저강까지 오게 되면 필시 지쳐 제대로 능력을 발휘할 수 없을 테니, 황해도 군사를 징발하지 말고 평안도 주둔 병력으로만 충당하자는 최윤덕의 건의도 곧바로 수용했다. 그 외에도 최윤덕의 요청사항을 모두 받아들였다. 만약 세종이 일단 어명을 내렸으니 자신의 지시대로 할 것을 고집했다면 어떻게 됐을까? 파저강 전투는 상당히 고전했을 가능성이 높다. 일시적으로 승리했다고 하더라도 최윤덕의 우려처럼 문제의 뿌리까지 제거하지 못했을 것이다.

인조 때로 가보자. 인조는 신하들의 반대에도 광해군 때의 집권 당파인 북인 출신이자 호조판서를 지낸 김신국金藎國을 다시 호조판서로 임명했다. 김신국이 당대 최고의 경제 전문가였기 때문이다. 그는 다양한 경제 개혁 조치를 시행했고, 특히 화폐 발행과 유통을 적극적으로 주장했다. 화폐 유통은 세종 때 이미 크게 실패한 적이 있지만, 변화된 환경 속에서 꼭 필요하다고 보았기 때문이다. 인조는 이러한 그의 의견을 받아들여 주전청鑄錢廳을 설치했다.[2]

인조 외에도 그 뒤를 이은 효종과 현종의 공통점은 전문 경제관료를 중용하여, 무수한 반대를 뚫고 그들의 의견을 실천에 옮겼다는 점이다. 이들 세 왕이 통치한 시대인 17세기는 대내외적으로 어려운 도전을 맞이하고 있었다. 가장 큰 문제는 '재정'이었다. 임진왜란과 정묘호란, 병자호란이라는 미증유의 전란을 연달아 겪으면서 국토가 황폐해지고 수많은 백성이 목숨을 잃음에 따라, 국가의 세수가 매우 감소했다. 반면에 전후 복구와 민생 안정을 위해 돈이 많이 필요한 상황이니, 이중고를 겪을 수밖에 없었다. 게다가 우리 역사상 최대의 기근으로 불리는 '경신대기근'[3]이 일어나는 등 천재지변이 빈번하고 전염병이 만연했던 시대도 바로 17세기다. 이와 같은 비상 상황이라면 기존의 방식을 따를 것이 아니라, 혁신적·능동적으로 대응해야 한다.

하지만 대다수 신하가 왕의 수신을 강조하고, 성현의 가르침을 되새기라는 말만 반복하고 있으니 왕으로서는 답답했을 것이다. "대책을 진언하는 자가 많지 않았던 것은 아니지만 실제적인 효과가 없는 말들이어서 한바탕 부질없는 이야기로 돌아감을 면하지 못하게 되었다"[4]라는 효종의 탄식은 이와 같은 심정을 잘 보여준다. 그래서 왕들은 선왕이 만든 법을 함부로 고쳐서는 안 된다, 기존의 질서를 흔들지 말라는 신하들의 반대에도 김신국을 필두로 김육金堉·정태화鄭太和·허적許積·이시백李時白·이시방李時昉 등 경제관료를 등용하여 적극적인 개혁정치를 펼친 것이다. 많은 어려움 속에서도 17세기가 나름 괜찮았던 시대로 기억되고, 조선 후기 최대의 개혁이라는 '대동법大同法'이 가능했던 것도 바로 이들 경제관료 덕분이다.

요컨대 왕은 이러한 전문가들을 통해 이론과 현실이 다르다는 점을 배울 수 있었다. 무릇 병법서를 많이 읽었다고 해서 곧바로 군사 작전을 지휘할 수 있는 것이 아니다.《맹자》나《서경》에 나오는 경제정책을 이해했다고 하더라도 이를 오늘의 현장에 적용하는 것은 다른 문제다. 전문가의 조언에 귀를 기울이면, 현실에 맞게 자기 생각을 구현하는 방법, 현실에 맞게 창조적으로 대응하는 방법을 배울 수 있다.

현장에서 배우다

이와 같은 노력은 자연히 현장 경험을 중시하는 태도로 이어지게 된다. 1437년(세종 19) 1월 13일, 충청도 지방에 큰 기근이 일어나자, 세종은 판중추원사 안순安純을 도순문진휼사로 삼아 파견하고 상벌권과 '선조치 후보고' 할 수 있는 권한을 부여했다. 종1품 재상급 대신을 구휼책임자로 임명한 것은 효과적인 구휼을 위해서는 충청도 전체를 지휘해야 할 뿐 아니라 다른 도나 중앙정부 기관의 협조를 이끌어야 했기 때문이다. 따라서 삼정승을 제외하면 가장 높은 직급의 대신을 파견함으로써 권위를 확보했다.

그런데 이보다 더 눈여겨볼 것은 안순이 10년 넘게 호조판서로 재임하고 현재에도 판호조사[5]를 겸임하고 있다는 점, 과거에 충청도 관찰사를 지내며 충청도 각 고을의 사정을 소상하게 파악하고 있다는 점이다. 그는 '충청도'의 '구휼' 업무를 감당할 만한 최상의 현장 경험을 보유했다. 실제로 안순은 짧은 시간에 충청도 지방 구휼에 성공하고 죽을 위기에 처했던 많은 백성을 살려냈다는 평가를 받는다. 안순의 방법이 모범 사례로 각 도에 전파되기도 했다.[6] 이러한 '현장 전문가' 중심의 위기대응은 세종의 재위 기간 내내 일관되게 이루어졌다. 천재지변과 전염병, 기근 등으로 어려움을 겪고 있는 고을에는 해당 지역 출신을 수령이나 관찰사로 임명했다. 중앙에서 직접 구휼에 나설 때도 안순의 사례처럼, 해당 업무와 지역의 사정을 잘 알고 있는 대신을 책임자로 임명해 파견하곤 했다.

그뿐 아니다. 왕들은 평상시에도 현장을 파악함으로써 정책의 완결성을 기하고 잘못 예방하고자 했다. 정조의 말을 살펴보자.

> 돌아보건대, 내가 이 깊은 구중궁궐 속에 있어서 백성들이 겪는 재난의 실상을 제대로 살필 수가 없으니, 한 번 비 오고 한 번 개는 사소한 일들까지 모두 고을 수령들이 올린 장계를 보고서야 알게 된다. 그런데 조금 전 그 장계를 보니 안일하게 책임을 회피하려 들고 있어, 백성을 수령에게 위임하여 맡긴 뜻에 자못 어긋난다고 할 것이다. 너무도 개탄스럽다. 요사이 재해를 숨기는 것이 풍조를 이루었고, 일체의 듣기 싫은 일은 처음부터 입을 열어 논하려 들지 않으니 이는 또한 내가 반성할 부분이다.[7]

요즘 대통령은 마음만 먹으면 제주도에도 방문하고 멀리 떨어진 민생 현장, 산업 현장도 찾아가지만, 왕은 기본적으로 한양, 멀다 해도 최대한 경기京畿 지역을 벗어나지 않는다. 예외가 있다면 선왕들의 능을 참배하러 가는 능행陵行이나 병을 치료하기 위해

떠나는 온천행 정도다.[8] 따라서 백성들과 직접 마주하는 고을 수령을 통해 해당 고을의 사정은 어떠한지, 백성의 생활에 어려움이 없는지를 파악하는 것이다.

한데 고을 수령이 솔직하게 보고하지 않는 경우가 많았다. 혹시라도 자신이 책임져야 하거나 질책을 들을까봐 어려운 일이 생겨도 덮어버리고, '우리 고을은 무탈하다', '전하의 은혜에 힘입어 백성들의 삶도 평안하다'라고 보고하는 것이다. 그래야 자신이 고을을 잘 다스리고 있다는 의미도 전달되니 말이다. 정조의 말은 바로 이 부분을 지적하고 있다.

따라서 왕들은 전국 각지에 경차관敬差官, 행대어사行臺御史, 감찰어사監察御史, 암행어사暗行御史를 파견했다. 시대마다 명칭은 다르지만 이들이 하는 일은 같다. 어명에 따라 직접 현장을 확인하고 민생을 살피는 임무를 담당한다. 또한 수령들이 태만하지 않도록 긴장시킴과 동시에 왕이 놓치고 있는 바는 없는지, 잘못 알고 있는 점은 없는지를 검증할 수 있다. 세종의 말을 살펴보자.

백성은 나라의 근본이니 근본이 견고해야 나라가 평안할 수 있다. 덕이 부족한 내가 외람되게도 백성을 다스리는 임금의 자리에 올랐으니, 오로지 백성을 기르고 어루만지는 방법만이 마음속에 간절하다. 하여 백성의 가장 가까운 곳에 있게 되는 수령을 신중하게 선택하였고, 등용하고 축출하는 법도를 엄중하게 하였지만, 혹시라도 내가 듣고 보는 바가 미치지 못하는 부분이 있을까 염려된다. (중략) 한나라와 당나라 때의 제도를 살펴보면, 감사를 두어 군현과 제후국을 감찰하게 하였고, 때때로 황제의 명을 받은 신하를 천하 각지에 나누어 파견하여 관리들이 잘하고 못한 점, 백성을 힘들게 하는 일들에 대해 두루 살피게 하였다.

이제 이러한 옛 제도를 본받아, 조정의 관헌에게 명하여 전국의 주군을 조사하게 할 것이다. 백성이 사는 마을을 직접 찾아가게 하여 수령들이 욕심 때문에 더러운 짓을 행하지 않았는지, 가혹한 형벌을 가하지 않았는지 등을 모두 적발하게 할 것이다. 백성이 굶주리고 헐벗고 고통받는 일을 모두 살피고, 원통하고 억울한 일을 당한 백성의 사정을 직접 청취하게 할 것이다. 내가 보낸 신하가 그저 떠도는 소문을 가지고 내게 아뢰더라도 나는 반드시 상세하게 따져 물을 것이다. 만약 그 실체가 밝혀진다면 관련된 수령은 법으로 엄히 다스리고 죽을 때까지 다시는 등용하지 않을 것이니, 관리들은 자각하고 반성하는 마음으로 관아의 일을 처리하여 문란하지 않게 하라.[9]

왕으로서 "듣고 보는 바가 미치지 못하는 부분이 없도록" 전국 구석구석을 샅샅이 살피겠다는 것이다. 정말 좋은 자세이고 훌륭한 방침이지만 여기에도 문제가 있다. 왕을 대신하여 현장을 살피는 관리들이 제대로 하지 않는다면, 어떻게 되겠는가? 왕이 보낸 경차관이 현지의 고을 수령과 결탁하여 사정을 왜곡할 수도 있고, 잘못된 정보를 듣고 좋은 관리를 탄핵하게 될 수도 있다. 실제로 1419년(세종 1), 세종은 경차관 김습이 수령과 작당하여 흉작을 풍작으로 꾸며 보고한 것을 적발하고 "이야말로 토색질하는 놈이 아닌가"라고 격노하기도 했다.[10]

그래서 세종은 경차관 선발에 각별한 주의를 기울였다. 오랜 기간 옆에서 지켜보아 통찰력과 재능이 뛰어나고, 강직한 성품을 가진 인물을 골라 경차관으로 임명했다. 세종이 뽑은 권맹손權孟孫·김종서金宗瑞·황보인皇甫仁·이숙치李叔時 등은 모두 경차관으로서 탁월한 활약을 보였고, 훗날 조정의 중임을 맡아 명신으로 이름을 남긴 바 있다.

하지만 이것만으로도 충분하지 않았을 것이다. 대리인을 통해 듣는 정보에는 한계가 있다. 대리인이 아무리 사실에 따라 보고한다고 해도, 대리인의 주관이 개입될 수밖에 없다. 직접 확인해야 더 정확히 알 수 있고, 직접 경험해봐야 더 절실하게 느끼는 법이다.

1425년(세종 7) 7월 1일, 가뭄이 계속되자 세종은 현장을 확인하기 위해 친히 서대문 밖으로 나갔다. 영서역迎曙驛과 홍제원弘濟院 일대의 땅을 둘러보았는데, 농사 상황이 너무나 처참했다. 하루종일 샅샅이 살피고 농부들을 직접 만나 의견을 청취한 세종은 궁궐로 돌아와 크게 탄식했다.

"금년 벼농사는 모두들 꽤 잘 되었다고 하더니 오늘 보니 눈물이 날 지경이다."

만약 세종이 직접 밖으로 나가 살펴보지 않았다면 어떻게 되었을까? 신하들의 말만 믿고 '가뭄이긴 하지만 벼농사가 잘 되었다니 괜찮겠지' 하고 생각했을 것이다. 세종이 친경親耕[11]을 중시하고, 궁궐 후원에 벼를 심어 그해의 작황을 살피려 한 것,[12] 농사기술이 뛰어난 농부들의 자문을 받아《농사직설農事直說》을 편찬하도록 한 것[13] 등은 모두 이 경험으로부터 출발한다. 현장 경험을 통해 부족한 점을 인식하고, 공부를 강화한 선순환 효과라고 할 수 있다.

이러한 노력은 세종만 행한 것이 아니다. '순문詢問'이라는 용어가 있는데, 왕이 어떤 일에 대해 현장의 목소리를 듣기 위해, 직접 실무 관리나 백성을 불러 의견을 듣는 것을 말한다. 1771년(영조 47), 영조는 경희궁 건명문建明門 앞으로 나아가 백성들과 만났다.[14] 당시 조선은 양역良役 제도가 문제를 일으키면서 백성들이 큰 고통을 겪고 있었다. 양역이란 토지세, 공납貢納과 더불어 조선의 백성들이 나라에 지는 3대 의무다. 16세에서 60세 사이의 성년 양인良人 남자에게 부과된다는 점에서 양인의 역, 즉 '양역'이라고 부르는데, 일정 기간 군대에 복무하는 '군역'이 대표적이다.

그렇다고 모든 성년 양인이 군대에 가는 것은 아니다. 군인으로 징집되지 않는 대다수는 대신 국방경비로 군포軍布를 냈다. 그런데 조선 후기에 들어 양반층이 군역 대상에서 이탈하고, 연이은 전란으로 양인 인구가 감소했으며, 국방재정 수요가 늘어나면서 문제가 생겼다. 조세 환경이 악화했지만, 각 고을에 할당된 군포의 총액은 변함이 없어서 고을 수령들은 할당량을 채우기 위해 군포를 무리하게 거둬들였다. 학창시절 국사 시간에 한 번쯤 들었음직한, 죽은 사람에게 군포를 징수하는 '백골징포白骨徵布', 16세 미만 어린아이를 군적에 올리는 '황구첨정黃口簽丁'의 폐단이 바로 이 양역과 관련된 것이다. 살기가 힘들어 집을 떠나 유랑민이 된 경우, 그 사람의 몫을 일가에게 추징하는 '족징族徵', 이웃에게 떠넘기는 '인징隣徵'도 양역으로 인해 생겨난 말들이다.

이에 민심이 크게 악화하자 조정은 대책 마련에 들어갔다. 하지만 백성의 짐을 줄여주기 위해서는 필연적으로 그 짐을 지배층이 나누어 짊어져야 한다. 조정에서는 양반에게도 군역의 의무를 부과하는 방향으로 정책 기조를 틀었는데, 양반층의 거센 반발을 받아 오랜 기간 표류하게 된다.

그러다가 영조 대에 들어서면서 왕이 강력한 개혁 드라이브를 건 덕분에 백성의 군포 부담을 두 필에서 한 필로 줄이고, 그에 따른 세수 부족을 해소하기 위해 각종 정책을 시행하는 '균역법均役法'이 탄생한다. 이 과정에서 영조는 여러 차례 순문을 시행했는데, 대부분의 조정 신하들은 양반 사대부들의 입장과 논리를 대변했기 때문이다. 영조는 실무 하급 관리와 백성들을 직접 만나서 그들의 생생한 의견을 청취했고, 이를 정책에 반영함으로써 균역

법이 좀더 완성된 형태를 갖출 수 있게 되었다.

그의 손자인 정조도 순문을 자주 시행한 왕이다. 가령 1784년 (정조 8), 정조는 한양의 공계원貢契員[15]과 시전상인들을 창덕궁 선정문宣政門 앞으로 부르고 "전황錢荒[16]은 어떻게 해야 해결할 수 있을지, 물가는 어떻게 해야 안정시킬 수 있을지, 돈을 빌려주는 정책은 어떤 것이 편리하며, 세금을 걷고 혜택을 베푸는 방법으로는 무엇이 좋은지?"를 질문했다.[17] 현장과 직접 맞부딪히고 있는 사람들, 누구보다 시장 사정을 잘 알고 있는 사람들의 의견을 청취하여 정책의 시의성을 확보하고자 한 것이다. 정책이 그저 책상 위에서 만들어진다면 현실과 유리되어 반드시 실패하는 법이다. '지금 이 현실'에서, 현장을 살아가는 사람들을 다스리고, 그들을 위한 제도와 대책을 수립해야 하는 임금에게 현장을 공부하는 것은 반드시 필요하다.

비판의 목소리를 경청하다

앞서 전문가의 말에 귀를 기울이고 현장을 확인해야 하는 중요성을 이야기했다. 이러한 노력을 통해 잘못을 미리 예방하고 정책의 부족한 점을 채울 수 있는 만큼, 꼭 필요한 일이라고 단언할 수 있다. 그런데 이것은 더 나은 방향을 찾기 위한 '보완책'에 가깝다.

일이란 아예 뒤집어야 할 때도 있고, 전면적으로 수정해야 할 때도 있다. 나의 판단이 잘못돼서, 혹은 사사로운 욕심 때문에 그릇된 결정을 내릴 수 있기 때문이다.

이런 경우에는 어떻게 할 것인가? 내 생각이 잘못됐다는 점을 인식하는 것, 내가 그릇된 마음을 가졌다고 반성하는 것은 혼자서는 어렵다. 문제점을 지적하고 가감 없이 조언해주는 사람이 필요하다. 또한, 그러한 사람들이 자유롭게 자기 생각을 말할 수 있는 조직 문화가 조성되어야 한다.

조선시대에 '언로言路'가 중시된 것, 임금은 '언로'를 넓히고 '언로'를 지키기 위해 힘써야 한다고 강조된 것도 같은 이유다. '언로'는 임금이 올바르게 판단하기 위해 꼭 필요한 요소다. 임금은 하루에도 수없이 많은 결정을 내려야 한다. 그리고 그 결정은 나라와 백성에게 즉각적인 영향을 미친다. 따라서 상황을 오판하지 않고 잘못 선택하지 않도록 조심하고 또 조심해야 하는 것이 왕이다. 하지만 지혜가 부족하거나 감정에 휩쓸리게 되면 나쁜 선택을 할 수 있다. 그래서 마음을 수양해야 하고 경연에 나아가 열심히 공부해야 한다.

한데 설령 사려가 깊고 똑똑하더라도, 마음의 중심을 잡고 있다고 하더라도, 왕도 한 사람의 개인인 이상 한계가 있을 수밖에 없다. 왕 한 사람이 나라의 모든 일을 다 잘 알고, 모든 사무에 능통할 수 없는 것이다. 왕의 생각이 언제나 정답일 수 없고, 옳다 하더라도 그보다 더 나은 대안이 있을 수 있다. 그러니 왕은 다른 사람의 말에 귀 기울여야 한다. 다른 이들의 조언을 듣고 지혜를 빌려야 한다. 진정으로 똑똑한 왕은 혼자서 똑똑해지는 것이 아니라, 여러 사람의 말을 듣고 똑똑해지는 것이다. 이때 사람들의 말이 왕에게 막힘없이 전달되는 통로, 그것이 '언로'다.

이 '언로'를 확보하기 위해서는 우선, 평소에 경청하는 자세를 가져야 한다. 율곡 이이의 말을 보자.

전하께서는 자기 자신을 과신하면서 다른 사람의 말을 듣는 것에 소홀하십니다. 물론 선善을 실천하고 중용을 지키며 자기 자신을 굳게 믿는다면 덕을 이룰 수 있습니다. 그러나 아직 중심을 잡지 못했고 올바름을 얻지 못한 상태에서 자신만 믿는다면 "오직 내가 하는 말에 순종하고 나의 뜻을 어기지 말라"고 하다가 나라를 망하게 만든 옛 군주들의 행태와 무엇이 다르겠습니까?

《서경》에 이르기를 "다른 사람이 자기보다 못하다고 말하는 왕은 나라를 망친다. 왕이 자기 의견만 고집하게 되면 협소해진다"라고 하였습니다. 전하께서는 본인의 학문이 이미 경지에 올라 더는 다른 이의 도움을 받을 필요가 없다고 생각하십니까? 아니면, 다른 일에 마음을 쏟느라 그럴 겨를이 없으신 것입니까? 그도 아니라면, 옳고 그름을 가리고 선악을 구별하는 일에 아예 관심이 없어서 그러시는 것입니까?

(중략) 설사 정말로 전하의 학문이 이미 완성되었다고 해도 마찬가지입니다. 요 임금은 자신의 의견을 버리고 다른 이의 좋은 점을 따랐습니다. 순 임금은 다른 이에게 좋은 점이 있으면 그것을 받아들여서 그들과 함께 올바른 일들을 실천에 옮겼습니다. 우 임금은 훌륭한 말을 들으면 감사하다고 절을 하였고, 탕 임금은 간언을 따르며 어기지 않았습니다. 전하의 덕은 분명히 이 네 분의 성인聖人에 미치지 못합니다. 그런데도 자만하여 다른 사람의 말에 소홀하셔야 하겠습니까?[18]

유교에서 성군으로 추앙하는 요·순·우·탕 임금도 자신의 능력을 과신하지 않고 항상 다른 사람의 의견을 경청했다. 하물며 그런 수준에 이르지 못한 선조가 자기가 총명하다고 자만하여 귀를 막아버리고 있으면 대체 어쩌자는 것인가. 정조도 비슷한 말을 했다.

훌륭한 정치가 펼쳐졌던 시대에는 사람이면 누구나 하고 싶은 말을 마음껏 할 수가 있었다. 그래서《서경》에 "좋은 말이 숨겨져 있지 않았다"라고 한 것이다. 무릇 요·순·우 임금은 성인이었는데도 비방지목誹謗之木[19]을 세웠고, 여러 사람의 좋은 점을 기꺼이 배웠으며, 소고와 탁(타악기)을 걸어 두고 사방에서 바른말을 하기 위해 찾아오는 선비들을 기다렸다. 그 시대는 하늘과 땅이 조화를 이루고 비와 바람이 때를 어기지 않았으며 백성들이 편안히 삶을 영위하고 주변 오랑캐들도 모두 복속했던 시대다. 굳이 누가 직언하기를 바랄 필요도 없었을 것 같은데, 그래도 혹시라도 누가 좋은 말을 해주지 않을까 싶어서 그렇게도 말하는 자가 있기를 바랐던 것이다. 왜일까? 그것은 나라를 위해 직언하고 자기 생각을 기탄없이 말하는 사람들이 없다면 나라가 제대로 나아갈 수 없기 때문이다.[20]

언로가 세워지지 않아서 사람들이 하고 싶은 말을 자유롭게 하지 못하면, 왕은 좋은 정치를 펼칠 수 없고 나라도 나라다울 수 없다는 것이다. 그래서 태평성대를 이끈 성군들도 그토록 절실하게 언로를 중시한 것이다. 그러니 왕은 아무 일이 없고 평온한 시기라도 절대로 게으르거나 나태하지 말고, 좋은 말을 경청하고, 좋은 말을 해주는 사람을 찾아 우대하라는 것이다.

왕도 이렇게 행동해야 한다는 것을 머리로는 잘 알고 있다. 특히, 처음 보위에 오른 왕들은 '나도 변함없이 이런 자세를 지켜서 요순과 같은 성군이 되어야지'하고 마음먹었을 것이다. 요즘도 그렇지 않은가? 회사에 취직해서 첫 출근을 할 때, 승진하여 새로운 자리에 올랐을 때, 새 프로젝트를 시작할 때, 이때부터 게으른 사람은 없다. 다른 사람들이 깜짝 놀랄 만큼 잘해보겠다고 다짐하고, 꼭 성공해서 좋은 결과를 거두겠다고 마음먹는다. 그러나 점차 관성에 젖어 들고 편안함을 추구하면서 드높았던 초심은 어디

론가 사라져버리는 것이다.

더구나 왕은 존귀한 자리다. 쉽게 권력에 취해 욕심을 통제하지 못하고 오만해진다. 자신의 말 한마디에 나라가 들썩이고 왕의 말이라면 "예" 하며 복종하니 뭔가 대단한 사람이라도 된 것만 같다. 그러다 보면 다른 사람이 나보다 못하다고 여기고, 내가 제일 잘났다고 생각한다. 그렇게 고집이 생기고 독단에 빠지게 되면 문제가 발생해도 그 원인을 자신에게서 찾지 않는다. 일이 실패하면 무조건 다른 사람을 탓한다. 내 능력과 경험을 과신하다 보니 다른 사람의 말을 듣지 않는다. 그렇게 처음에는 경청하려고 노력하던 왕들도 점차 무너지고 마는 것이다.

더욱이 이 정도는 성실함과 꾸준함의 영역이니 왕이 웬만큼만 노력한다면 어떻게든 해볼 수 있다. 하지만, '납간', 즉, 간언을 듣고 수용해야 하는 문제는 차원이 다르다. 간언이란 왕의 옳지 못한 행동이나 잘못을 비판하고, 이를 바로잡으라고 요청하는 직언을 가리킨다. 한데 아무리 좋은 뜻에서 하는 말이라도, 아무리 넓은 도량을 가진 사람이라도 눈앞에서 신랄하게 지적을 받고, 뼈아픈 말로 비판을 당하면 기분이 좋을 리가 없다. 세종이야 매서운 비판도 너그러이 받아들였다지만 그것은 세종과 같은 성군이나 가능한 경지다. 정조 같은 왕도 간언을 들으면 "듣는 순간만큼은 받아들이기 힘들다"라고 말한 바 있다.[21] 하물며 다른 왕이야 어떻겠는가? 간언이 임금의 도덕적 의무처럼 되어버렸기 때문에 가능한 참아본다고 해도, 화를 내고 신하들에게 죄를 묻는 것은 그리 낯선 풍경이 아니었다. 1611년(광해군 3)에 열린 과거시험에서 임숙영任叔英은 이 문제를 지적했다.

> 임금이 마음을 비우고 경청하며 뜻을 굽혀 따른다고 해도 유순하고 마음이 약한 선비들은 지레 할 말을 다하지 못합니다. 하물며 바른말을 하면 노여워하고 받아들이지 않을 뿐 아니라 그 사람에게 죄를 주니 강직한 신하가 아니고서야 누가 나서서 전하의 잘못을 바로잡을 수 있겠습니까? 전하께 바른길을 가시라 권할 수 있겠습니까? (중략) 부디 전하께서는 질문하기를 좋아하고 어떤 말이든 기꺼이 경청했던 순 임금을 배우십시오. 좋은 말을 들으면 그 말을 해준 사람에게 감사하며 절을 했던 우 임금처럼 전하의 잘못을 간하는 사람들을 존중하셔야 합니다.[22]

그즈음 바른말을 한 간관諫官[23]이 광해군의 진노를 사서 처벌받았다. 임숙영은 이로 인해 직언하는 것이 금기되고, 아부하는 것이 유행처럼 퍼졌다고 비판했다. 임숙영에 따르면 왕의 인품이 훌륭하고 경청을 잘해준다고 해도 신하된 입장에서 자기 생각을 솔직히 말한다는 것은 쉽지가 않다. '이런 말을 했다가 혹시라도 찍히면 어떡하지?', '주제넘다고 언짢아하지 않으실까?'라는 걱정도 들고, 하물며 왕의 생각과 반대되는 말, 왕의 결정을 비판하는 말을 꺼낸다는 것은 보통 사람이라면 엄두가 나지 않을 일이다. 게다가 포용력이 부족하고 자기 뜻에 거슬리는 말을 하는 사람은 가만두지 않는 왕이라면? 임숙영이 지적한 것처럼 직언하는 사람을 찾아보기 힘들게 될 것이고, 어떻게든 왕의 뜻에 부합하고 왕에게 아부하려는 간신들만 넘쳐나게 될 것이다. 왕이 좋은 선택, 더 나은 결정을 하지 못하게 될 테니 이런 나라가 잘될 턱이 없다.

물론, 이렇게 말해도 간언을 수용하기란 여전히 쉽지 않을 것이다. 감정을 완전히 통제할 수 있는 사람, 성군의 경지에 오른 왕만이 어떤 간언을 해도 흔쾌히 수용할 수 있을 터이다. 그러니 정조의 말처럼 순간적으로 받아들이기 힘든 마음이 들더라도, 우선은 꾹 참는 수밖에 없다. 어떠한 상황에서도 화를 내지 않고 경청하는 일부터 시작해야 한다. 그리고 감정이 가라앉으면 차분히 곱씹어 보며 반성할 것은 반성하고 받아들일 것은 받아들이는 것이다. 이때 전제해야 할 것은 두 가지다.

첫째, 내 생각이 틀렸을 수도 있다는 것이다. 일찍이 공자는 '사무四毋'라 하여 사심이 없었고, 반드시 이럴 것이라고 단언하지 않았으며, 고집부리지 않았고, 자신을 내세우지 않았다. 나의 선입관과 주장에 사로잡혀 있다 보면 상황을 올바르게 볼 수 없기 때문이다. 따라서 내가 틀렸을 수도 있다는 것을 전제하게 되면, '어디 한 번 들어볼까?' 하고 다가설 수 있다.

둘째, 그 간언은 어떤 형태로든 나에게 도움이 된다는 것이다.

잘못을 바로잡아주든, 보완해주든, 그도 아니면 참을성을 키워주든 간에 간언을 듣는 것은 무조건 나에게 도움이 된다고 생각해야 한다.

여기에 더해 "임금에게는 엄한 스승이 있어야 한다"[24]라는 양사언楊士彦의 말도 참고할 필요가 있다. 왕이 스승을 깍듯이 모시고 가르침을 따르면 다른 사람도 모두 스승을 존경하고 배움에 힘쓰게 된다는 의미에서 말한 것인데, 또한 왕에게 어려운 사람이 있어야 한다는 뜻이기도 하다. 알다시피 왕은 나라에서 가장 높은 존재다. 그러므로 무소불위의 힘을 휘두르며 제멋대로 행동하기 쉽다. 지혜와 경험이 부족한 데도 자신은 다 안다며 자만하기도 한다. 이런 왕을 긴장시키고 반성하게 만들며, 적절하면서도 깊이 있는 조언을 해주는 사람이 있다면, 그 왕은 최소한 잘못된 방향으로는 빠지지 않을 것이다. 스승을 존경하고 어려워해야 듣기 싫은 간언도 수용할 수가 있다.

그런데 한 가지 의문이 남는다. 언로를 확립하고 간언을 듣는 것, 좋다. 한데 그 말이 허무맹랑한 것이라면, 그저 쓸데없는 말인 것 같다면, 그런데도 그 말을 경청해야 할까? 그래도 들어야 한다는 것이 세종의 생각이다. "말의 잘잘못은 그 사람이 현명한지 아니면 못나고 어리석은지에 달렸으니, 허황하고 망령된 말을 했다고 하여 허물을 잡아서 죄줄 수 없기 때문"[25]이며, 쓸데없는 말을 한다고 질책하면 자유롭게 말을 하는 '언로'가 움츠러들 수도 있지만, 기본적으로 '경청' 자체가 왕에게 꼭 필요한 공부이기 때문이다. "임금은 포용을 도량으로 삼아야 한다. 보잘것없어 보이는 사람이 하는 말이라도 반드시 경청하여 그 말이 옳으면 채택하여 받아들이고, 비록 맞지 않더라도 죄주지 말아야 한다. 이는 임금이 백성의 사정을 알고 자신의 총명을 넓히기 위하여 반드시 필요한 일이다"[26]라는 세종의 말처럼 말이다.

간언을 참고 듣는 성군의 자질

앞에서 신하가 매섭고 신랄한 어조로 비판하고, 잘못을 뼈아프게 지적하더라도 왕은 그 말을 경청하고 수용해야 한다고 설명했다. 이를 두고 그게 뭐가 어렵냐고 생각하는 사람도 있을 것이다.

'나는 도량이 넓은 사람이야.'

'다 나 잘되라고 하는 말일 텐데 뭐가 어려워? 충분히 받아들일 수 있어.'

정말 그럴까? 조선시대에 이루어진 간언을 몇 편 소개한다. 이런 강도의 간언을 듣고서도 참고 경청할 자신이 있다면 성군의 자질이 충분한 사람이다.

먼저, 남명 조식曺植이 명종에게 올린 말이다.

전하의 정치는 이미 잘못되었고 나라의 근본이 흔들려 하늘의 뜻도 민심도 이미 떠났습니다. 비유하자면 백 년 된 큰 나무의 속을 벌레가 다 갉아먹어서 진액이 말라버렸는데, 회오리바람과 사나운 비가 당장이라도 몰아쳐 올 것 같은 형국입니다. 조정에 충성스럽고 의로운 선비와 근면한 좋은 신하가 없는 것은 아니나, 위태로운 형세가 극도에 달하여 손을 쓸 수 없는 상황입니다. 그런데도 하급 관리들은 아래에서 시시덕거리며 주색에 빠져 있고 고위 관리들은 어물쩍거리면서 재물만 불리고 있습니다. 백성의 고통은 아랑곳하지 않으며 중앙에는 승냥이 같은 무리가 정권을 장악하고 있고, 고을 수령으로 나가 있는 자들은 이리가 날뛰듯 합니다. 이들은 가죽이 다 해지면 털도 붙어 있을 데가 없다는 것은 알지 못합니다.

자전慈殿[27]께서는 생각이 깊으시지만 깊은 궁궐에서 사는 한 사람의 과부에 지나지 않습니다. 전하께서는 아직 어리시니 선왕이 남긴 한낱 외로운 후사에 불과합니다. 그러니 수많은 천재지변을 어떻게 감당하실 것이며, 억만 갈래로 찢어진 인심을 무엇으로 수습하시겠습니까? 강물이 마르고 천재지변이 일어나고 있으니 그 조짐은 또 어떠합니까? 이런 상황에서는 주공周公이나 소공召公과 같은 뛰어난 재주를 가진 인물이 재상의 자리에 있더라도 어쩔 도리가 없을 것인데, 하물며 신과 같이 하찮은 자질을 지닌 이가 무엇을 하겠습니까? 위로는 위태로움을 만에 하나도 지탱하지 못할 것이고, 아래로는 아주 조금이라도 백성을 보호하지 못할 것입니다. 그러니 신이 전하의 신하가 되기란 어렵지 않겠습니까?[28]

　왕의 정치는 이미 잘못되었고, 천명도 민심도 떠났다는 말은 왕권의 정당성을 공격하는 말이나 다름이 없다. 여기에 서슬이 퍼런 실권자 문정왕후를 과부라 부르고 임금을 어디 의지할 데 없는 고아라고 칭하고 있으니, 이런 말을 하고서도 무사할 수 있을까? 실제로 명종은 왕실에 무례한 말들이 담겼다며 불쾌감을 표출했다.
　다음으로, 이이는 이런 말을 했다.

　　쓸만한 재주를 가진 선비가 있으면 전하께서는 그가 일 벌이는 것을 좋아할까봐 걱정하십니다. 곧은 말을 올리며 논쟁하는 선비가 있으면 전하께서는 그가 왕명을 어길 것이라며 지레 싫어하십니다. 유학자답게 행동하는 선비가 있으면 전하께서는 그가 겉으로만 그럴듯하게 꾸민다며 의심하십니다. 신은 모르겠습니다. 도대체 어떤 도를 따르고 어떤 계책을 아뢰어야 전하의 마음에 들고, 전하의 신뢰를 얻을 수 있습니까?[29]

　신하를 대하는 선조의 태도가 잘못되었음을 지적한 것이다. 1691년(숙종 17)에 올린 정시한丁時翰의 간언은 더욱 살벌하다. 그는 환국換局을 일으켜 그때마다 신하들을 죽음으로 내몬 숙종의 조치를 강하게 비판했다.

우리나라는 너그럽고 어진 마음으로 세워졌습니다. 선왕들의 시대에는 예로써 신하를 대우하여 함부로 죽이지 않았으니, 어찌 거듭하여 대신들을 죽인 전하의 조정과 같은 때가 있었겠습니까? 전하께서 재위하신 지난 16년 동안 정국은 크게 세 번 변하였습니다. 그때마다 전하께서는 오로지 한쪽 편의 사람만 등용하시어, 내쫓긴 자들이 한을 품어 뼈에 사무쳤고, 뜻을 얻은 자들은 마음대로 보복을 자행하였습니다. 이로 인해 예의와 사양이 있어야 할 조정은 싸움터가 되었고 정치와 교화의 모범이 되어야 할 벼슬아치들은 중상모략을 일삼고 있습니다. 전하께서는 그저 이들이 하는 대로 내버려 두고 서로를 화합시켜 인심을 바로잡을 생각을 하지 않으시니, 이대로 가다가는 전하의 조정에 싸움이 그칠 날이 없을까 봐 두렵습니다.

하물며 지금처럼 인재가 부족한 때는 없었으니 이는 전하께서 나라를 둘로 쪼개었기 때문입니다. 옛사람이 말하기를, "편벽되이 한쪽 말만 들으면 간악한 일이 생기고, 한쪽에만 맡기면 혼란스럽게 된다"라고 하였습니다. 전하께서 사람을 등용하실 때는 마치 무릎 위에서 안아줄 것처럼 예뻐하시다가도, 물리칠 때는 깊은 못에 밀어 넣는 것처럼 하셨습니다. 마음이 일정하지 못하고 주고 빼앗을 때 번복하시는 일이 많습니다. 그렇기 때문에 신하들이 전하를 섬길 때 장구한 계획이 없고, 각자가 제 몸만 위하고 나랏일은 생각하지 않는 것입니다. 이에 조정의 기상이 땅에 떨어지고 질서가 없어서, 나날이 위태롭고 망하는 지경으로 들어가니, 장차 어떤 일이 초래될지 알 수가 없습니다.

전하께서 을묘년(1675)부터 기미년(1679)에 이르기까지 어질다고 존경하고 사랑하신 자가 몇 사람이었습니까? 그런데 경신년(1680)에 이르러 죽이지 않으면 귀양을 보내고 귀양을 보내지 않으면 내쫓으셨으니, 그 사람들을 어진 사람이라 불러야 합니까, 아니면 간사한 사람이라 불러야 합니까? 경신년으로부터 무진년(1688)에 이르기까지 또 어질다고 존경하고 사랑하신 자가 몇 사람인데, 기사년(1689)에 이르러 죽이지 않으면 귀양 보내고 귀양 보내지 않으면 내쫓으셨으니, 그 사람들을 어진 사람이라 불러야 합니까, 아니면 간사한 사람이라 불러야 합니까? 그리고 보면 기사년 이후로, 지금 전하께서 어질다고 존경하고 사랑하신 사람들도 훗날 어진 사람이 될지 간사한 사람이 될지 신은 알지 못하겠습니다. (중략) 박태보朴泰輔와 오두인吳斗寅의 죽음에 대해서는 차마 입에 담기 어렵습니다. 전하께서 전 시대의 역사를 보시면, 간언하는 자를 때려죽인 임금은 과연 어떤 임금이었습니까?[30]

박태보와 오두인은 인현왕후의 폐위를 극력 반대하다가 숙종의 분노를 사서 심한 고문을 받고 목숨을 잃었다. 정시한은 이 일을 거론하며, 숙종이 간언하는 신하를 때려죽였으니 폭군이나 마찬가지라고 꾸짖은 것이다. 자, 신하가 이러한 간언을 올린다면 감당할 수 있겠는가?

이상의 공부를 통해 왕은 어디로 나아가야 할까? 왕은 성의와 정심, 반성으로써 도덕적 판단 주체인 마음의 역량을 확보하고, 올바른 실천능력을 배양한다. 경연에 나아가 독서를 하고 신하들과 토론하며 지식을 쌓고 지혜의 폭을 넓힌다. 경청에 힘써 자신이 공부한 내용을 검증하고 발전시킨다. 그렇게 해서 왕이 이뤄야 할 경지는 무엇일까? 그것은 바로 나날이 새로워지는 '일신日新' 이다.

'일신'은 고대 중국 은나라의 명재상 이윤伊尹이 왕인 태갑太甲에게 "처음부터 끝까지 한결같으면, 날로 새로워진다[終始惟一, 時乃日新]"라고 한 말과, 《대학》에 나오는 탕왕의 일화인 "진실로 날로 새로워지려거든 나날이 새롭게 하고 또 날로 새롭게 하라[苟日新 日日新 又日新]"라는 구절에서 비롯한 말이다. 왕에게는 이 '일신'이 매우 중요하다. 왕 스스로 진보해야 정치를 일신하고 정책을 혁신하고 나라를 더 나은 방향으로 탈바꿈시킬 수 있기 때문이다.

흔히 이 일신의 요령은 "덕을 닦지 않는 것과 학문을 익히지 않는 것, 의義를 듣고서도 실천하지 않는 것과 불선不善을 고치지 않는 것, 이것이 바로 나의 근심이다"라는 공자의 말 속에 있다고 말한다. '일신'은 이전에는 없던 새로운 것을 만들고, 이전과는 다르게 변화시키려고 노력함으로써 완수할 수 있는 것이 아니다. 내가 제대로 수양했는지, 제대로 공부했는지, 제대로 실천했는지, 제대로 고쳤는지가 새로워질 수 있는 가장 좋은 방법이라는 뜻이다.

1693년(숙종 19) 5월 13일, 숙종이 경희궁에 새로 전각을 짓고 '일신헌日新軒'이라고 이름을 붙이며 한 말로 이 책의 마무리를 대신하고자 한다.

대저 천하의 모든 일은 날마다 새롭게 하지 않으면 반드시 날마다 퇴보하기 마련이다. 더욱이 왕의 마음가짐은 정치를 하는 근본이며 만물을 교화하는 근원이니, 진실로 그 덕을 날마다 새롭게 하여 진작시키지 않는다면 어찌 백성들을 이끌 수 있겠는가? 그리하여 탕왕은 큰 성인인데도 중훼仲虺라는 신하가 "덕이 날로 새로워야 세상이 왕을 사모한다"라고 하면서 정성스럽게 경계하니, 이를 대야에 새겨 매일같이 반성한 것이다.

(중략) 지금 학문에 충실하지 못한 바가 있으면 날마다 새롭게 할 것을 생각하고, 덕이 수양되지 못한 바가 있다면 날마다 새롭게 할 것을 생각해야 한다. 간언을 수용하고 경청하는 것이 폭넓지 못하다면 날마다 새롭게 할 것을 생각하고, 인재를 양성하는 방법이 옛날만 못하다면 날마다 새롭게 할 것을 생각해야 한다. 백성을 어루만지고 보호하는 노력이 성실하지 못하다면 날마다 새롭게 할 것을 생각하고, 스스로 힘쓰는 노력이 지극하지 못하다면 날마다 새롭게 할 것을 생각해야 한다.

일에 따라 반성하고 살펴 시작과 끝을 한결같게 하되 날마다 새롭게 하는 근본은 무엇보다 사사로운 마음을 단호하게 잘라내는 것에서부터 시작하니, 사사로운 욕심을 물리쳐서 마음을 태연하게 유지하라. 그리되면 덕을 잘 수양했는지는 바로 깨닫지 못할지라도 적어도 나라를 다스리는 성과만큼은 날로 새로워질 것이니, 이 '일신日新'이란 이름을 지은 뜻에 거의 어긋나지 않게 될 것이다.

왕의 공부에 관한 어록[1]

제왕帝王의 도는 학문으로 인해 밝아지고 제왕의 정치는 학문으로 인해 넓어집니다. 그래서 예로부터 반드시 경연을 설치하여 성인聖人의 학문을 공부했던 것입니다. 전하께서는 즉위하신 이래 강학을 쉬는 날이 많으신데, 천성이 영명하고 학문이 해박하시니, 경연에서 무슨 새로운 것을 배우지는 못할 것입니다. 하지만 생각해보십시오. 전하께서 경연에 나오시어 정신을 집중하신다면, 필시 마음이 맑아지고 사고가 명료해질 것입니다. 하는 일 없이 한가롭게 지내거나 정무에 시달려 정신이 없을 때와는 차이가 있을 것이니, 전하의 학문이 어찌 이 경연으로 인하여 진전되지 않겠습니까?[2] _ 권근 내가 유교경전과 역사서는 읽지 않은 것이 없고, 또 지금은 나이가 들어 기억력이 쇠잔해졌음에도 책 읽는 것을 멈추지 않는 까닭은, 글을 보는 동안에는 번잡했던 마음이 정리되고 새로운 생각이 일깨워져서 여러 가지로 나랏일에 도움이 되기 때문이다. 세자가 사서오경과 《자치통감강목》을 다 읽었다 하니, 임금의 학문이 반드시 해박해야 할 것은 아니지만, 어찌 그 정도를 가지고 충분하다며 중단할 것인가![3] _ 세종

학문을 돈독히 하여 정치의 근본을 확립하십시오. 신이 듣건대, 제왕의 학문과 심법心法의 핵심은 위대한 순 임금이 우禹 임금에게 명한 것에 있다고 합니다. 내용인즉, "인심人心은 위태하고 도심道心은 은미하니 오직 정밀하게 하고 오직 전일하게 하여 진실로 그 중中을 잡으라"고 하였습니다. 무릇 보위를 넘겨주는 이유는 그것으로 이 세상을 편안하게 만들도록 하려는 것입니다. 따라서 무언가 당부하더라도 정치보다 더 시급한 것이 없을 텐데, 어찌하여 순 임금은 우 임금에게 이런 가르침을 남기셨겠습니까? 학문을 닦아 덕을 이루는 것이 정치의 큰 근본이기 때문이 아니겠습니까?[4] _ 이황

무릇 군주는 마음을 공평히 하여 기쁨과 노여움을 드러내지 말아야 합니다. 그와 같은 감정을 나타낸다면 간사한 무리들이 다투어

임금의 기분에 맞추려 들 터이니, 심히 두려운 일입니다. 마음을 공평히 하는 공부를 위해선 반드시 먼저 이치를 밝혀서 옳고 그름과 잘잘못을 살펴야 할 것입니다. 다른 사람의 말이 귀에 거슬릴지라도 '이것은 나를 사랑해서 하는 말이다'라 생각하고, 도리에 맞는지 아닌지를 따져 보소서. 그렇게 공정함을 확립하고, 고집이나 편견은 없애버려야 할 것입니다.[5] _ 기대승

전하께서는 자신의 학문이 이미 완성되어 다른 사람에게 배울 것이 없다고 생각하십니까? 옛날 요 임금은 자기 의견을 버리고 다른 사람의 좋은 점을 따랐고, 순 임금은 다른 사람에게 좋은 점이 있으면 그것을 취하여 그들과 함께 실천해가길 좋아하셨습니다. 우 임금은 훌륭한 말을 들으면 기뻐하며 절하였고, 탕湯 임금은 간언에 귀 기울이고 이를 어기지 않았습니다. 이미 지극한 덕을 갖추었고 위대한 정치를 펼치고 있었음에도 이들 군주들은 혹시라도 부족한 점이 있지 않을까 두려워하였습니다. 한데 지금 전하께서는 이들 네 분 성인의 수준에 미치지 못하시면서, 다른 사람의 말을 소홀히 하고 성심을 다해 학문을 닦지 않고 계시니, 이래서야 되겠습니까?[6] _ 이이

무릇 발전하지도 않고 퇴보하지도 않는 경우란 없습니다. 드높고 원대한 뜻을 지니면 날마다 혁신할 수 있지만, 그러지 않으면 매

일 퇴보하여 점점 더 나빠지게 됩니다. 그리하여 지금은 실수하지 않았더라도 다음번에는 실수하게 되고, 지금은 잘했더라도 다음에는 잘못하게 될 수 있습니다. 그리되면 옛날 성군들의 위대한 정치를 기대하기는커녕 후대의 평범한 군주에게도 미치지 못할 것이니, 전하께서 성공하느냐 아니냐는 바로 지금, 뜻을 크게 갖고 공부에 매진하느냐 아니냐에 달려 있다고 말씀드릴 수 있습니다.[7] _ 조익

전하께서 경연에 부지런히 납시고 계시나 진정으로 깨닫고 실천하겠다는 의지는 보이지 않습니다. 짧게 강독하고 대부분 침묵으로 일관하시니, 성현의 경전을 대충 읽고 그것으로 충분하다고 여기시기 때문입니다. 그리하여 깊이 이해해야 할 부분을 놓쳐버리고, 의심해야 할 점에 대해서 의심을 품지 못하니, 이러한 자세를 고치지 않는다면 도道에 부합할 수가 없습니다. 비단 독서에만 해당하는 것이겠습니까? 일의 옳고 그름, 신하들의 어질고 어질지 않음, 논의의 같고 다름 등, 깊이 생각하고 면밀하게 분별해야 할 일들을 제대로 하지 못하게 될 것입니다.[8] _ 김창협

제왕의 학문은 보통의 선비와는 다릅니다. 하늘과 사람을 면밀히 살펴서 정치와 법을 시행해야 합니다. 제왕이 아침저녁으로 배우고 토론하는 것은 글을 외우고 뜻을 연구하기 위해서일 뿐 아니

라, 옛것을 끌어와 오늘날의 일에 참고로 삼고, 본질적인 문제로부터 구체적인 사안들에 이르기까지 실제적인 효과를 거두려는 것입니다. 이것이 임금의 학문에는 묻고 분별하는 노력이 필요하고, 임금의 큰 덕에는 성심껏 가르쳐 인도해주는 신하가 필요한 까닭입니다.[9]_서명선徐命善

왕의 하루

1781년(정조 5) 3월의 어느 날.[1]

  비가 내렸다. 어제 저녁부터 5경更[2]까지 내린 비의 양이 측우기로 1치[3]였다. 조강朝講을 마치고 승지 서유방을 불러 말했다.

  "아침 경연 석상에서 여러 번 설명하였는데 신하들이 과연 내 뜻을 이해하였는지 모르겠다. 내가 반복하여 경계하고 타이르는 이유는 요사이 나랏일이 시작만 있고 마무리가 없기 때문이다. 처음에 열심히 하다가도 금방 나태해지곤 하는 것이 습관처럼 되어버렸다."

  성정각誠正閣에서 정무를 보았다. 얼마 전 체직된 고부 군수의 후임이 정해지지 않았으므로 오늘 안에 차출하라고 명하였다. 잠시 후, 이조판서 이연상과 이조참의 이경양이 입시하였고 김사엄을 고부 군수로 삼았다. 아울러, 공석인 이조참판과 홍문관 부제학을 임명하기 위해 망단자望單子[4]를 가져오게 하였다.

이어 인정전에 나아가 한학漢學[5] 전강殿講을 지켜보았다. 일찍이 선대왕께서는 "역관에게만 통역을 맡겨두고 문신은 한어漢語를 이해하지 못한다면 역관이 흰 것을 검다고 말해도 이를 어떻게 알 것인가?"[6]라고 말씀하셨다. 세종대왕께서도 "명나라 사신과 만날 때, 역관이 통역하는 동안 미리 그 대답할 말을 준비할 수 있다"[7]며 친히 한어를 공부하고 있다고 밝히셨다. 이러한 뜻을 받들어 꾸준히 한어 학습을 강조해오고 있는데 실효를 거둘 수 있을지 걱정이다.

전강이 끝나기 전 이문원摛文院[8]으로 향하며, 시험책임자인 정홍순에게 "지금 이문원으로 갈 것이니, 경들이 대행하여 합격자를 정한 후 이문원으로 오라"고 지시하였다. 오늘은 특별히 이문원에서 경연을 여는데, 《근사록近思錄》을 강독하기로 하였다. 경연을 시작하면서 하교하였다.

"오늘의 모임은 참으로 성대하다. 과인이 이 자리에 임어하여 경들에게 묻고 의논함이 단순히 글에 대해 이야기하고 경전을 설명하는 데서 그치겠는가! 책을 가지고 토론하는 것 외에도 당면한 일들에 관해서 하고 싶은 말이 많을 것이다. 과인의 허물과 정치의 잘잘못에서부터 백성들의 고락과 옛 역사의 교훈들까지, 하고 싶은 말을 남김없이 다하라. 그리하여 임금과 신하 모두에게 서로 보탬이 되자는 것이 곧 오늘의 자리를 마련한 뜻이다. 무릇 강설講說은 말로 인하여 의문을 갖게 하고, 의문으로 인하여 의문을 풀게 함으로써 사람의 선한 마음을 감동시켜 발현하는 데 목적이 있다. 오늘 과인은 경들과 함께 미진한 점이 없을 때까지 강설할 것이니, 경들은 반드시 숨김없이 다 말해야 할 것이며, 나도 마땅히 겸허한 마음으로 받아들일 것이다."

한참 질문과 답변을 주고받은 후, 참석자들에게 술을 하사하여 한 순배 돌리도록 하였다. 그다음으로는 수레를 타고 홍문관으로 갔다. 홍문관에서는 여러 신하와 《심경》에 대해 토론하였는데, 날이 저문 뒤에야 마치고 대궐로 돌아왔다.

편전에 들어, 연일 수고한 영의정에게 내일은 궐에 들어올 필요가 없다고 전유傳諭하였다. 침소에 들기 전, 임지로 떠나기 위해 하직 인사를 하러 온 신임 강원도 관찰사 김희를 소견하였는데, 그가 오늘 경연에서 말한 내용들을 빠짐없이 적고, 그의 생각과 해설을 책자로 만들어달라고 당부하였다. 나에게 도움이 될 만한 부분이 많았기 때문이다.

정조의 가상 기고[1]

나의 독서

나는 어릴 적부터 독서를 좋아했다. 경서를 통해 성현의 자취를 배우고, 역사 속 사건과 인물들을 내 나름대로 평가해보고, 웅혼한 문장들 속에서 노니는 것만큼 유쾌한 일은 없다고 생각했다. 또한, 뜻은 배움을 통해 확립되는 법이다. 사람의 행동은 뜻이 장수가 되어 기氣를 지휘하는 것인 만큼 뜻을 확고부동하게 확립하려면 무엇보다 독서에 힘써야 한다. 더욱이 보고 들은 것이 없고서는 마음이 넓어지지 않는다고 하지 않았는가? '보고 듣는 것'은 바로 독서를 통해 확충할 수 있다.

그런데 얼마 전, 승지들에게 요즘 어떤 책을 읽냐고 물었더니 업무 때문에 바빠서 독서를 할 겨를이 없다고 하였다. 하지만 이는 하지 않은 것이지 못 하는 것이 아니다. 공무를 보느라 여가가 적기야 하겠지만 하루 한 편의 글을 읽고자 한다면 그다지 어렵지 않을 것이다. 그러니 매일 목표를 정해놓고 읽어야 한다. 하루 동안 읽는 양이 많지 않아도 좋다. 조금씩 꾸준히 쌓아가 푹 배어든다면, 독서를 하지 않는 사람은 말할 것도 없거니와 일시적으로 많은 책을 읽고 중단한 사람보다 그 효과가 훨씬 뛰어날 것이다. 일정한 규칙을 세워놓고 어기지 않으려 노력한다는 점에서 마음을 다잡는 데도 도움이 된다.

아울러 독서를 할 때는 전일하고 치밀하게 읽는 것이 중요하다. 핵심 요점이 무엇인지를 파악하고 반드시 차분히 연마하여 다른 사람들과 토론하고, 털끝만큼이라도 의심되거나 모르는 부분이 없을 정도여야 한다. 그 깊은 의미를 끝까지 파고들어 성찰해야 참으로 아는 것이 된다. 그래야 자연히 실천할 수 있고 이로부터 미루어 응용해갈 수 있다. 예컨대 근래 화성華城을 축성한 일을 가지고 말해보면, 경서를 치밀하게 파고들어 이치를 깨우쳤기 때문에 성을 쌓는 구체적인 일들에도 대응해갈 수 있는 것이다.

다음으로 책에서 신기한 것을 보려고 애쓸 것이 아니라 평상적인 것을 보아야 한다. 오묘함은 평상적인 내용 속에 있다. 지금 사람들은 신기한 것만 좋아하고 평상적인 것은 달가워하지 않으니 독서를 해도 별다른 효험이 없다. 독서를 통해 알게 된 내용을 반드시 직접 느껴보라는 것 역시 내가 강조하고 싶은 바다. 글의 이치가 내 안의 이치와 부합되어야 한다. 나의 몸과 나의 마음으로 체득하지 않는다면, 날마다 수레 다섯 대 분량의 책을 암송한다고 해도 대체 자신에게 무슨 도움이 되겠는가?

마지막으로 당부하고 싶은 것은 책을 읽을 때는 반드시 저자의 뜻이 무엇인지를 생각하고 그 기상을 배우라는 것이다. 책을 읽고도 이러한 것을 알지 못한다면 읽지 않은 것이나 다름이 없다.

이처럼 긴요한 독서를 잘하기 위해 나는 두 가지 방법을 활용하였다. 우선 초록鈔錄이다. 책의 내용 중에서 감명 깊게 읽은 것, 반복해 읽으면서 의미를 되새겨야 할 것 등을 골라서 따로 옮겨 적는 '초록' 공부가 독서에 큰 도움이 된다. 그렇게 해야 오래도록 간직할 수 있기 때문이다.

나는 여러 책을 초록하는 것 외에 다른 취미가 없는데, 모두 모아보니 수십 권에 이르렀다. 한번은 어떤 신하가 "어찌해서 그렇게 번거로운 일을 하십니까?"라고 묻기에 이렇게 대답했다.

"책을 읽으면 자세히 한두 번 읽는다고 해도 십중팔구는 잊어버린다. 하지만 손으로 직접 초록하게 되면 그 과정에서 위아래 글까지 여러 번을 읽게 된다. 더구나 한가로울 때 수시로 펼쳐 보는 재미가 있다."

책 전체를 다시 읽지는 못하더라도 초록을 보며 책의 내용을 떠올려 보는 것이 공부에 요긴하다.

두 번째로, '독서기讀書記'를 만들었다. 분야별로 분류한 다음 각각의 책 밑에 지은이와 차례, 요지를 상세하기 기록하였으며, 어느 해에 읽었다는 것과 나의 평론을 덧붙여 하나의 책으로 완성했다. 이렇게 해놓으면 내가 독서한 이력이 낱낱이 눈에 들어와 반드시 경계하고 반성할 곳이 있게 된다.

자, 독서가 왜 중요한지, 독서를 어떻게 해야 하는지를 설명하였다. 한데 많은 사람이 독서가 중요하다는 것을 알면서도 나태함에 빠져 외면한다.

내가 그대들에게 간곡히 당부한다. 모래나 자갈로 된 땅이라도 가난한 백성들은 수확하기 위해 온갖 노력을 쏟는다. 하물며 좋은 밭이야 말할 나위가 있겠는가?

매번 그대들이 한가로이 시간을 보내는 것을 보면 애석한 마음을 가눌 길이 없다. 그대들은 나이가 젊고 재주도 노둔하지 않으니 만일 노력한다면 무슨 일인들 해내지 못하겠는가? 그대들이 독서하지 않는 것은 게으른 농사꾼이 좋은 밭을 버려두는 것이나 마찬가지다.

부디 자잘하거나 사소한 일에서도 자신에게 엄격하라. 남들이 보지 않는 곳에서도 해이하지 말라. 처음에는 1분의 노력을 하다가 중간에는 5분의 힘을 들이고, 그렇게 점차 힘을 들여 10분, 1천분, 1만 분으로 나아가라. 일정한 수준에 올랐더라도 자만하는 마음을 갖지 말아야 하니, 백척간두에서 한 걸음을 내딛어가고, 태

산의 정상 위에서 다시 또 다른 태산을 찾아라. 애써 노력하기를
죽은 후에야 그만두겠다는 마음가짐이어야 한다.

주

1부 | 1장 왕은 완벽해지기 위해 노력해야 한다

1 임금이자 스승.

2 〈대학장구서大學章句序〉.

3 후계자에게 왕위를 물려준다는 뜻인데, 주로 혈연이 아닌 사람에게 왕위를 계승할 때 사용된다.

4 권력이 불안정할 때는 아우에게 승계하기도 하지만, 일반적으로 세습군주제란 아들에게 보위를 잇는 것을 말한다. 정실正室인 왕비에게서 태어난 아들 중 맏이, 즉 적장자가 왕위를 계승하고, 적자가 없을 경우에는 서자 중에서 장자를 우선했다. 장자에게 하자가 있을 경우에는 '현명한 아들을 세워야 한다[立賢]' 는 주장이 제기도 한다. 이에 대해 중종 때의 대신 김극핍金克愊 은 "무릇 적자를 세우는 것이 당연한 도리이고, 장자나 현자를 세우는 것은 권도"라고 말한 바 있다(《중종실록中宗實錄》32권, 13년 2월 26일 을미).

5 〈중용장구서中庸章句序〉.

1부 | 2장 왕은 감정을 제어해야 한다

1 《현종실록》1년 6월 30일.

2 약방藥房이란 궁에서 의약에 관한 일을 담당하는 기관이다. 임금의 시약侍藥 과 치료가 주 업무다. 제조提調는 해당 기관을 관장하는 책임자로, 주로 재상급 관료가 겸직한다. 통상 도제조(정1품), 제조(2품), 부제조(3품)를 합쳐서 제조라고 부른다.

3 임금의 노여움.

1 'Management'의 번역어로 채택되면서 다소 의미가 변화하기는 했지만 '경영'
   이란 단어의 유래는 《시경詩經》과 《맹자》다. '경지영지經之營之'라는 구절이 나
   오는데 여기서 경은 헤아린다, 영은 도모한다는 뜻이다. 즉, 경영이란 어떤 일
   을 살펴 계획하고, 그것을 도모하기 위해 자원과 노력을 투입하는 과정이라고
   말할 수 있다.

2 《공자가어孔子家語》.

3 《세종실록》 5년 11월 25일.

4 《세종실록》 20년 4월 28일.

5 《논어》 〈공야장公冶長〉 편.

6 《세종실록》 20년 3월 12일.

7 세종이 과거시험에서 직접 낸 문제 속에 나오는 발언이다. 강희맹의 문집인
   《사숙재집私淑齋集》에 기록되어 있다.

8 《사숙재집》.

9 북송시대의 명재상.

10 북송시대의 학자이자 정치가.

11 상홍양은 전한 때의 관리로 소금과 철의 전매제도, 균수법 등을 도입하여
   국가 재정 확충에 크게 이바지했다. 모반을 도모하다 처형당한다. 우문융은
   당나라 때 재상을 지낸 인물로 균전제를 정비하여 이름이 높았다. 두 사람
   에 대한 평가는 엇갈리는데, 국가정책의 초점을 경제에 맞추고, 이익 창출을
   중시하였기 때문에 유학자들은 이들을 부정적으로 본다.

12 당나라 때의 재상으로 전횡을 일삼고, 정사를 혼란에 빠트렸다.

13 채경은 북송 말기의 재상으로 사사로운 이익만을 추구, 간신으로 악명이 높
   았다. 남송 초기의 재상이었던 진회는 자신의 권력을 위해 반대파를 억압하
   였고, 특히 충신 악비岳飛를 장군을 죽게 만듦으로써 오늘날까지도 악명을
   전해오고 있다.

14 《성종실록》 9년 11월 30일.

1 《맹자》〈이루離婁〉 상편.

2 같은 책.

3 《맹자》〈양혜왕梁惠王〉 하편.

4 《우계집牛溪集》.

1 《포저집浦渚集》7권, 〈구언응지소求言應旨疏〉.

2 《논어》〈미자微子〉.

3 《논어》〈태백泰伯〉.

4 《세종실록》31년 9월 2일.

5 《숙종실록》9년 7월 17일.

6 대표적인 것이 '불인인지심不忍人之心'과 '사단四端'이다. "사람들에게는 '모두 다른 이에게 차마 하지 못하는 마음[不忍人之心]'이 있다는 근거는 이러하다. 지금 어떤 사람이 갑자기 어린아이가 우물에 빠지려 하는 것을 보았다고 하자. 누구나 깜짝 놀라고 측은하게 여기는 마음이 들게 된다. 이것은 아이의 부모와 교분을 맺기 위해서가 아니고, 친구나 이웃들로부터 칭찬을 듣기 위해서가 아니다. 어린아이를 구하지 않을 경우에 듣게 될 비난이 싫어서도 아니다. 이로 미루어 보건대, 측은히 여기는 마음이[惻隱之心] 없으면 사람이 아니고, 부끄러워하는 마음이[羞惡之心] 없으면 사람이 아니고 사양하는 마음이[辭讓之心] 없으면 사람이 아니고, 옳고 그름을 분간하는 마음이[是非之心] 없으면 사람이 아니다. 측은해하는 마음은 인仁의 단서이고, 부끄러워하는 마음은 의義의 단서이며, 사양하는 마음은 예禮의 단서이고, 옳고 그름을 분간하는 마음은 지智의 단서이다. 사람에게 이 네 가지 단서가 있는 것은 마치 사람에게 사지四肢가 있는 것과 같다. 네 가지 단서를 가지고 있으면서 스스로 할 수 없다고 말하는 사람은 자기 자신을 망치는 사람이다."(《맹자》〈공손추公孫丑〉 상편)

7 폭군을 무력으로 쫓아내고 토벌한다는 뜻이다. 맹자는 〈양혜왕〉 하편에서 탕

왕과 무왕이 각각 폭군인 걸왕과 주왕을 주벌한 것은 신하로서 임금을 시해한 것이 아니라, 인의仁義를 해친 잔적殘賊을 죽인 것에 불과하다고 평가하였다. 이를 흔히 맹자의 혁명론이라고 부른다.

8 《단종실록》 2년 5월 4일.

9 《맹자》 〈고자告子〉 하편.

10 《성종실록》 2년 4월 14일.

11 《영조실록》 36년 8월 18일.

12 《성종실록》 9년 4월 3일

13 《효종실록》 즉위년 10월 15일

14 《영조실록》 34년 10월 18일

15 〈어제조손동강대학문御製祖孫同講大學文〉.

16 《영조실록》 51년 12월 27일.

17 《대학》에서 '격물치지格物致知'에 대한 설명이 부족하다고 여겨 주희가 별도로 지어 추가한 것이다.

18 《영조실록》 45년 11월 27일.

19 《태종실록》 11년 12월 15일.

20 《세종실록》 16년 9월 5일.

21 《세종실록》 즉위년 10월 7일; 1년 3월 6일; 8년 11월 2일 등 다수.

22 《태종실록》 7년 10월 10일.

23 《숙종실록》 1년 1월 10일.

24 왕의 지시사항이나 의견을 적은 문서로, 승정원으로 하달된다.

25 《선조실록》 5년 10월 19일.

26 《서경》의 편명이다. 〈요전堯典〉, 〈순전舜傳〉을 '이전'이라고 하고, 〈대우모大禹謨〉, 〈고요모皐陶謨〉, 〈익직益稷〉을 '삼모'라고 한다. 여기서 요, 순, 우가 임금이고 고요, 익, 직은 이들을 보좌했던 명신名臣이다.

27 《인종실록》 1년 4월 3일.

28 《세종실록》 7년 7월 19일.

29 《세조실록》 2년 3월 18일.

30 《영조실록》 12년 11월 17일.

31 《태종실록》15년 8월 1일.

32 《숙종실록》36년 8월 2일.

33 《선조실록》28년 5월 3일.

34 《인조실록》1년 7월 24일.

35 《주자어류》권5, 〈성리性理〉2, 〈심정성의등명의心情性意等名義〉, "虛靈自是心之本體."

2부 | 2장　옛 기록에서 인간의 본질을 찾다 _ 역사

1 《태조실록》7년 6월 12일.

2 《세종실록》20년 3월 2일.

3 《중종실록》36년 1월 23일.

4 《세조실록》3년 1월 8일.

5 《종조실록》6년 11월 26일.

6 효명세자를 말한다. 아들인 헌종에 의해 익종으로 추존되었다. 효명세자는 전권을 가지고 4년간 대리청정代理聽政했는데, 익종의 국조보감은 이 시기에 관한 내용이다.

7 실록 편찬에 사용된 기초사료인 '사초史草'를 물에 씻거나 소각하여 없애는 것.

8 《정조실록》5년 7월 10일.

9 《세종실록》17년 3월 10일.

10 황제의 등극이나 황태자 책봉 등 명나라 황실의 경사를 축하하기 위해 보내는 임시 사절단.

11 중국에 보내는 공식 외교문서.

12 황제나 황후의 생일을 축하하기 위해 보내는 사신.

13 세종은 중국에 다녀온 사신이 《자치통감》을 사오자 상을 내리기도 했다(《세종실록》17년 7월 1일).

14 사실에 대한 요지를 먼저 간략히 서술하고[강綱], 뒤에 그 경위를 상세히 기술하는[목目] 형식을 '강목'이라고 부른다.

15 《세종실록》17년 6월 8일.

16 《현종실록》 1년 3월 4일.

17 《세종실록》 16년 6월 26일.

18 《세종실록》 18년 7월 29일.

19 《세종실록》 16년 8월 11일.

20 《세조실록》 9년 12월 14일.

21 《예종실록》 〈총서〉.

22 《성종실록》 16년 11월 4일.

23 실록에서 곡량전이 언급된 기사수는 채 30여 건도 되지 않는다. 공양전은 100여 건 정도 검색되는 데 대부분 한 가지 주제에 집중되어 있다. 이 부분은 본문에서 이어 설명하였다. 이에 비해 좌전은 500건 가까이 등장한다.

24 《홍재전서弘齋全書》 〈일득록日得錄〉.

25 《선조실록》 6년 2월 4일.

26 《태종실록》 4년 10월 18일.

27 《태종실록》 9년 6월 13일.

28 《경종실록》 2년 9월 21일.

29 《정조실록》 2년 8월 7일.

30 사마천司馬遷이 지은 역사책으로 상고시대부터 한무제漢武帝 초반기까지의 역사를 기록했다. 문장이 아름다운 것으로 유명하며, '태사공왈太史公曰'을 통해 본인의 비평을 수록했다.

31 후한의 역사가 반고班固가 지은 전한 시대의 역사서. '전한서前漢書' 또는 '서한서西漢書'라고도 불린다.

32 명나라 학자 유섬劉剡이 편집한 《자치통감절요속편資治通鑑節要續編》을 말한다. 송나라와 원나라의 역사를 기록했기 때문에 《송원절요宋元節要》 또는 《송감宋鑑》이라고 불렸다.

33 《세종실록》 7년 11월 29일.

34 《중종실록》 11년 6월 2일.

35 송나라의 학자 조선료趙善璙가 지은 것으로, 스스로 경계하는 데 도움이 될 송대 명유名儒들의 언행을 모은 것이다.

36 《세종실록》 23년 6월 28일.

37 《효종실록》 5년 4월 27일.

38 《영조실록》 30년 3월 3일.

39 《선조실록》 27년 10월 21일.

40 《숙종실록》 29년 12월 7일.

1 '정관貞觀'은 당 태종의 연호年號로, '정관정요'란 태종이 시행한 정치의 요점이라는 뜻이다.

2 《영조실록》 10년 12월 25일.

3 《영조실록》 31년 9월 10일.

4 《영조실록》 45년 2월 17일.

5 이 시기에는 영조가 연로했기 때문에 직접 책을 읽지 않고, 가까이서 모시는 신하에게 책을 낭독하게 했다.

6 《국조보감》〈숙종조〉 1.

7 《성종실록》 10년 11월 4일.

8 1397년(태조 6년)에 편찬된 법전으로 정식명칭은 《경제육전經濟六典》이다. 1388년 이후 시행된 법규와 앞으로 시행할 법령을 정리했다. 이전·호전·예전·병전·형전·공전의 6전 체제로 되어 있다.

9 '무학칠서武學七書' 또는 '칠서七書'라고도 부른다.

10 《세종실록》 8년 9월 24일.

11 《세조실록》 8년 2월 18일.

12 《선조실록》 25년 8월 17일.

13 《선조실록》 27년 9월 6일; 9월 13일; 31년 11월 29일 등 다수.

14 《세조실록》 7년 2월 17일.

15 《성종실록》 12년 11월 23일.

16 《세종실록》 5년 12월 23일.

17 《성종실록》 12년 11월 23일.

18 《포저집》 권20, 雜著, 「開惑淺語」, "唯文章, 最人之所貴者也, 然苟不志於善, 而專以

文爲事, 則亦不足貴也. 蓋其爲文雖甚高, 人所不可及也, 然其識見未必通也, 其心術未必正也, 其言行之間, 未必無過尤也. 苟識見未通, 心術未正, 言行多過尤, 則其爲人乃凡人也, 至於爲惡者亦或有之. 此其文雖好, 其人不好也, 亦何益焉."

19 홍문관과 예문관의 최고 책임자로 정2품이다. 학문과 문장이 가장 뛰어난 사람이 제수되었기 때문에 정승이나 판서에 임명되는 것보다 영예로 여기기도 했다.

20 《선조실록》 38년 5월 27일.

21 《홍재전서》 〈일득록〉.

22 풍수에서 종주가 되는 산에서 내려온 산줄기를 말한다.

23 《세종실록》 15년 7월 7일.

24 임금이 죽기 전 미리 준비해두는 능. 여기서는 세종의 능을 가리킨다.

25 《세종실록》 25년 1월 26일.

26 백하수오, 적하수오, 지골피, 숙지황, 백복령, 건지황, 천문동, 인삼 등을 일정 비율로 섞어 제조한 단으로, 《동의보감》에 따르면 몸을 튼튼하게 만들고 장수에 효과가 있다고 한다.

27 《선조실록》 31년 3월 12일.

28 《정조실록》 24년 6월 15일부터 28일까지의 기록에서 다수 확인할 수 있음.

29 《경종실록》 4년 8월 24일.

30 영조가 상극인 게장과 생감을 올려 경종을 죽게 했다는 주장도 있다. 경종이 승하하기 며칠 전, 게장과 생감을 함께 먹은 것은 분명한 사실이지만(《경종실록》 4년 8월 21일) 누가 그것을 진상했는지는 기록되어 있지 않다. 영조의 반대파인 소론은 이를 영조가 올린 것이라고 주장했는데, 영조는 자신이 올리지 않았다며 공식적으로 부정했다(《영조실록》 31년 10월 9일).

31 《영조실록》 29년 10월 15일.

32 궁중 음악과 무용을 총괄하는 기관인 장악원掌樂院의 실무총책임자. 정3품이다.

33 《성종실록》 13년 윤8월 13일.

3부 | 1장 공부의 핵심은 수신이다

1 《선조수정실록》 11년 5월 1일.

2 《영조실록》 3년 2월 7일.

3 《홍재전서》 〈일득록〉.

4 《홍재전서》 〈고식〉.

5 《홍재전서》 〈비답批答〉.

6 《주자어류》 〈논어〉 2.

7 《맹자》 〈고자告子〉 상편.

8 《명종실록》 10년 4월 29일.

9 《퇴계집退溪集》 〈진성학십도차進聖學十圖箚〉.

10 《포저집》 〈심법요어心法要語〉.

11 《포저집》 〈도촌잡록상〉.

12 《포저집》 〈성현본령〉.

13 《효종실록》 3년 4월 15일.

14 《세종실록》 9년 6월 14일.

15 《국조보감》 〈영조〉.

3부 | 2장 공부의 효과는 집중하는 시간에 달려 있다

1 세자를 거치지 않고 왕이 된 사람이 보위에 오르기 전에 사가에서 살던 집.

2 《태조실록》 1년 11월 14일.

3 《연산군일기》 1년 11월 15일.

4 《태종실록》 1년 1월 14일.

5 보통 문文을 총괄하는 예문관과 홍문관의 대제학이 지경연사를 겸직했다.

6 《성종실록》 17년 5월 7일.

7 《광해군일기》 2년 3월 24일.

8 세조의 왕비이자 성종의 할머니인 대왕대비 정희왕후, 성종의 친어머니이자 대

비 소혜왕후, 예종의 부인이자 성종의 숙모인 왕대비 안순왕후 등 세 사람을 가리킨다.

9   《성종실록》 10년 윤10월 23일.

10   비록 자신이 기록한 글이기는 하지만, 임금 앞에서 이루어진 행동이므로 '나'라고 하지 않고 '신臣'이라고 표시한 것이다.

11   이 부분은 1부 '왕은 왜 공부하는가?'에서 설명한 바 있으니, 참고하기 바란다.

12   궁궐에 설치한 고위관료들의 회의실.

13   임시 공간.

14   관청에서 제공하는 식사.

15   《선조수정실록》 1년 8월 1일.

16   관자놀이와 귀 사이에 난 머리털을 말한다. 관모冠帽를 썼을 때 아래로 길게 내려온 부분이다.

17   《태조실록》 1년 12월 12일.

18   《태종실록》 1년 3월 23일.

19   《세조실록》 10년 4월 22일.

20   《세종실록》 14년 12월 22일.

21   《문종실록》 1년 2월 27일.

22   《정조실록》 1년 10월 23일.

23   《홍재전서》, 〈일득록〉.

24   《정종실록》 2년 12월 19일.

25   《단종실록》 즉위년 11월 15일.

26   《연산군일기》 3년 10월 13일.

27   《연산군일기》 10년 12월 27일.

28   당나라 현종이 설치한 음악 및 무용 교육 기관으로, 조선시대 장악원掌樂院을 달리 부르는 말이기도 하다.

29   《연산군일기》 11년 2월 18일.

30   《간이집簡易集》 〈대사헌김공신도비명大司憲金公神道碑銘〉.

31   《효종실록》 3년 5월 12일.

1 《세종실록》 15년 3월 7일.

2 《인조실록》 3년 11월 17일.

3 경술년(1670)과 신해년(1671)에 걸친 대기근으로, 앞글자를 따서 '경신 대기근'
  이라고 부른다.

4 《효종실록》 5년 6월 16일.

5 호조 업무를 총괄하는 종1품 '판사判事'라는 뜻이다. 호조의 장관은 정2품 호
  조판서지만, 그보다 높은 직급의 인물이 호조를 맡을 때 임시로 부여하는 직
  책이다.

6 《세종실록》 19년 2월 6일.

7 《홍재전서》〈일득록〉.

8 조선시대에 임금이 난리를 피해 몽진蒙塵을 떠난 것이 아닌 이상, 경기도 밖
  을 벗어나본 것은 1909년 순종 황제의 전국 순행이 유일하다. 순종은 기차를
  타고 1월 7일 대구, 1월 8일 부산, 1월 27일부터 2월 3일 사이에는 황해도와
  평안도 지방을 방문했다. 이는 일제에 의해 홍보 목적으로 기획된 행사다.

9 《세종실록》 5년 7월 3일.

10 《세종실록》 1년 1월 17일.

11 왕이 직접 농사를 짓는 의식을 행함으로써 농사를 권장하는 것을 말한다.

12 《세종실록》 26년 윤7월 25일.

13 《세종실록》 10년 윤4월 13일.

14 《영조실록》 47년 4월 17일.

15 대동법 시행 이후, 나라에서 필요로 하는 물품을 납품하는 공인貢人들이 만
   든 조직의 구성원.

16 화폐 유통이 제대로 되지 않아 부족한 현상.

17 《정조실록》 8년 3월 20일.

18 《선조수정실록》 11년 5월 1일.

19 백성들이 임금의 정치에서 잘못된 점이나 임금을 비판하고 싶은 점을 마음
   껏 써서 붙여놓는 나무다. 그러면 임금은 그 글을 읽으면서 자신의 잘못을
   반성하고 경계했다.

20 《홍재전서》〈장차휘편서章箚彙編序〉.

21 《홍재전서》〈일득록〉.

22 《소암집疎菴集》〈신해전시대책辛亥殿試對策〉.

23 왕의 잘잘못, 국정의 문제점 등을 지적하고 비판하는 업무를 담당하는 관리. '간언' 임무를 맡았다고 하여 '간관'이라 부른다.

24 《봉래시집蓬萊詩集》〈전책殿策〉.

25 《세종실록》15년 7월 18일.

26 《세종실록》15년 7월 27일.

27 명종의 모후 문정왕후를 가리킨다.

28 《명종실록》10년 11월 19일.

29 《선조수정실록》11년 5월 1일.

30 《연려실기술(燃藜室記述)》,〈숙종조고사본말〉.

부록 1   왕의 공부에 관한 어록

1 인용한 글들은 현대어로 쉽게 풀어쓰는 과정에서 의역하거나 축약한 부분이 있다. 원문의 의미를 훼손하지 않도록 최선을 다하였지만, 부족한 점이 있다면 이는 전적으로 필자의 책임이다.

2 《국조보감》3권, 태종 즉위년.

3 《세종실록》20년 3월 19일.

4 《퇴계집》6권, 〈무진육조소戊辰六條疏〉.

5 《고봉전서高峯全書》〈논사록論思錄〉 상권.

6 《선조수정실록》11년 5월 1일.

7 《포저집》2권, 〈대학곤득과 논어천설을 바치며 올린 상소進大學困得論語淺說疏〉.

8 《농암집聾巖集》7권, 〈응지소應旨疏〉.

9 《일성록日省錄》 정조 7년 1월 5일.

부록 2 왕의 하루

1 정조가 직접 쓴 일기인 《일성록日省錄》중 3월 18일부터 21일, 나흘간의 기사
  를 토대로 조합한 것이다. 저자의 상상이 가미되었으나, 직접 인용표시를 한
  부분은 해당 인물의 실제 발언이다.

2 새벽 5시.

3 약 3센치미터.

4 후보자 명단.

5 중국어.

6 《영조실록》6년 11월 25일.

7 《세종실록》5년 12월 23일.

8 역대 임금의 어진御眞, 어필御筆, 어제御製 등을 보관하는 곳으로 규장각의 부
  속시설이다. 정조 5년에 설치되었다.

부록 3 정조의 가상기고

1 이 글은 정조의 문집 《홍재전서》〈일득록〉에 수록된 정조의 실제 발언을 엮어
  가상으로 재구성했다.

왕의 공부

조선 왕은 왜 평생 배움을 놓지 않았을까

초판 1쇄 인쇄 2020년 11월 20일 **초판 1쇄 발행** 2020년 11월 30일

지은이 김준태
펴낸이 연준혁

출판 부문장 이승현
편집 1본부 본부장 배민수
편집 4부서 부서장 김남철
편집 신민희
디자인 신나은

펴낸곳 ㈜위즈덤하우스 **출판등록** 2000년 5월 23일 제13-1071호
주소 경기도 고양시 일산동구 정발산로 43-20 센트럴프라자 6층
전화 031)936-4000 **팩스** 031)903-3893 **홈페이지** www.wisdomhouse.co.kr

ⓒ 김준태, 2020

ISBN 979-11-91119-69-5 03910

이 도서의 국립중앙도서관 출판예정도서목록(CIP)은 서지정보유통지원시스템 홈
페이지(http://seoji.nl.go.kr)와 국가자료종합목록 구축시스템(http://kolis-net.
nl.go.kr)에서 이용하실 수 있습니다. (CIP제어번호 : CIP2020048496)